科技
改變中國
叢書總主編：倪光南

智聯天下
移動通訊改變中國

Connect: Mobile Communication Changes China

邵素宏　含光
周聖君／著

開明書店

「科技改變中國」叢書

編委會

叢書總主編

倪光南　中國工程院院士，中國科學院計算技術研究所研究員

叢書副總主編

寧　濱　中國工程院院士，北京交通大學原校長

吳偉仁　中國工程院院士，國家國防科技工業局中國探月工程總設計師

徐宗本　中國科學院院士，西安交通大學原副校長

顧　翀　人民郵電出版社有限公司總經理

韓建民　杭州電子科技大學融媒體與主題出版研究院院長

編　委

武鎖寧　中國通信企業協會副會長，人民郵電報社原總編輯

陳　鍾　北京大學教授、博士生導師

馬殿富　北京航空航天大學教授、博士生導師

胡堅波　中國信息通信研究院總工程師

安　暉　中國電子信息產業發展研究院副總工程師

何寶宏　中國信息通信研究院雲計算與大數據研究所所長

陸　峰　中國電子信息產業發展研究院電子信息產業研究所副所長

萬物智聯時代，貢獻「中國智慧」

　　科學技術是社會文明進步的原動力，是人類創造未來的金鑰匙。近幾十年來，以移動通信為代表的現代信息技術的發展突飛猛進，給我們的經濟結構、行為方式、思維範式和想像邊界都帶來了顛覆式改變。其中，移動通信發展的「中國模式」「中國速度」令全球矚目，讓世界驚歎。

　　1986 年初，國家籌組中國移動通信網絡建設專家組，我有幸被選中，與李默芳、盧爾瑞等專家一起研究中國移動通信網絡技術體制和運作規程，制定中國移動通信網絡體制標準。1986 年 8 月，我應聘到國際電信聯盟工作，從此離開了中國早期組建的移動通信專家團隊，也離開了那之後中國如火如荼展開移動通信建設的主戰場。在此後的歲月中，我一直關注着中國的移動通信建設。

　　截至 2019 年 6 月底，中國的移動電話用戶數已達 15.9 億戶，其中手機上網用戶數就達到 13 億戶。[1] 如今，中國的

1　除非明確指出，本書中涉及中國的數據，不包括港澳台地區。

移動電話用戶數、移動寬帶用戶數均位居世界第一，中國擁有全球最多的移動通信基站、規模最大的 4G 商用網絡和增長最快的移動互聯網應用市場。中國已經成為全球頭號移動通信大國、移動電商大國和移動支付大國。

從 1G 空白、2G 跟隨，到 3G 突破、4G 同步，再到今日的 5G 局部領先，中國的移動通信行業從無到有，從小到大，從弱到強，經過 30 餘年的時間，成功地將移動通信從少數人享有的「稀缺資源」，變成惠及全球 1/5 人口的一流公共基礎設施，並且催生了數家在全球舉足輕重的一流企業，積累了大量的核心技術和知識產權，形成了先進完整的移動通信產業體系，培育了空前繁榮的移動互聯網產業生態。可以説，移動通信深刻地改變了中國，而中國也在積極地影響着世界，開始向世界貢獻「中國智慧」。

在我看來，中國在移動通信領域取得的巨大成就，源於對技術趨勢的準確把握，源於「政產學研用」的高效聯動，源於敢於擔當的不懈創新，更源於中國通信行業百年傳承的艱苦奮鬥精神。

2019 年，5G 已經在全球揭開商用大幕，萬物智聯時代正向我們昂揚走來，那是一個充滿無限可能的智能信息社會，人類將跨入嶄新的階段。我相信，發明創新是推動

移動通信技術繼續發展的核心要素，開放合作是引領全球
信息通信服務水平不斷提高的主旋律。中國大有可為，中
國大有作為！

　　是為序。

國際電信聯盟祕書長

前　言

如果要列舉新中國成立 70 年來，中國在全球化競爭中核心技術實力提升最快、受益人群最廣、市場競爭力最強、全球知名度最高的行業，毫無疑問，通信行業，特別是移動通信行業必定榜上有名。這是中國走進大眾、走出國門、走向世界的高科技行業。

作為一名新聞工作者，我十分幸運，能夠連續 16 年身處移動通信發展最前沿，行走在移動通信創新第一線，見證並記錄中國移動通信行業發展的重大決策、關鍵事件、創新歷程、輝煌成就，以及給大眾信息生活、經濟社會發展帶來的深刻改變，給人類社會進步和發展帶來的巨大影響。十分感謝人民郵電出版社顧翀社長和張立科總編輯的精彩創意與學術出版中心王威總經理、韋毅編輯的精心組織，讓我有緣與資深行業專家含光、通信科普高手周聖君（小棗君）組成一個團結、友愛、有趣的寫作團隊，共同策劃創作這部為新中國成立 70 周年獻禮的專著。

伴隨着改革開放的春風，中國的移動通信行業至今已走過了 30 餘年波瀾壯闊的發展歷程。從豪華 1G、全民 2G、

坎坷 3G，到驚豔 4G、智能 5G，中國移動通信行業緊緊抓住每一次技術創新的機遇，攻堅克難，以市場帶動技術，以技術驅動產業，以創新促進發展，不僅實現了產業自身的華麗「蝶變」，從默默無聞的跟隨者迅速成長為全球移動通信領域的主導者，而且推動着國人視野、發展觀念、產業實力、大眾生活乃至整個社會運行方式的改變。可以說，中國移動通信行業為經濟社會發展做出了重大貢獻，發展成果惠及億萬百姓。

本書以當前社會熱點起筆，從大眾最關心的中興、華為事件逐漸展開，由 1G 到 5G，環環相扣，既有移動通信技術的科普知識，又有曲折跌宕的行業發展歷程，力圖通過一個個轉折性事件、一組組節點型故事、一群群代表性人物述說「變化」，分析「變化」，思考「變化」。

移動通信改變了中國什麼？是如何改變的？未來還將怎樣改變？這是本書寫作的主線。

從奢侈品到必需品，從追趕者到領先者，從模仿到被模仿……移動通信改變中國，歸根結底是創新改變中國，是堅持改變中國，是合作改變中國，是開放改變中國。這是本書想要傳遞的理念。

著書的過程中，筆者發現，中國的移動通信行業很有特點。

　　這是一個總是給人意外的行業。這個行業的發展數據幾乎很少有人預測準確過。在行業發展之初，當有機構預測 2000 年全國移動電話用戶數將達 80 萬戶時，幾乎所有人，包括業內專家，都覺得這是天方夜譚。而 2000 年底，中國的移動電話用戶數達到了 8453 萬戶。3G 時期對 TD-SCDMA 的預測，4G 時期的用戶發展預測，無不如此。這種出人意料的結果，其實不是偶然，而是必然。這源於廣大通信人的堅守，源於廣大用戶的支持，源於科學技術的進步，源於國家穩定的發展環境。

　　這是一個總是充滿焦慮的行業。在瞬息萬變的高科技領域，機遇稍縱即逝。1G 到 5G，這個行業從一窮二白到追隨、突破、同步、局部領先，總是唯恐錯失任何一個創新機遇，唯恐耽誤任何一次市場發展。現代高科技領域的追趕者時刻焦慮着，也時刻奮進着。

　　這是一個總是逆向前行的行業。地震、洪水、颱風、泥石流……當大多數人從災區緊急向外撤退的時候，通信人卻揹起行囊、扛起設備，義無反顧地奔向最危險的地方。因為，通信就是生命線，有信號就有希望。因為，他們心懷責任，他們心懷使命，他們心懷家國。

　　…………

其實，有關這個曾經受制於人的行業 30 餘年來的「逆襲」之路，值得書寫的精彩故事、值得銘記的先鋒人物、值得總結的成敗得失，實在太多太多。筆者僅以有限的見識、有限的視角，平實、客觀地評析一二。如有不當之處，還請大家撥冗指出。

在此，特別感謝工業和信息化部信息通信發展司司長聞庫、國家無線電監測中心主任張樞、中國移動辦公廳主任高頌革等業內專家的專業指點。感謝中國通信企業協會副會長、人民郵電報社原總編輯武鎖寧，以及人民郵電報社總編輯王保平對本書寫作的傾心指導，感謝人民郵電報社各位領導和同事給予的大力支持。感謝接受過筆者採訪的原信息產業部部長吳基傳、中國工程院院士鄔賀銓、中國移動原總工程師李默芳，以及筆者採訪過的、關心移動通信發展的 500 餘位行業內外、國內外人士。

技術可以引進，但能力無法引進，我們必須自強！特以本書向為中國移動通信行業發展做出不懈努力的人們致敬！

目　錄

第五章　驚艷 4G，改變生活

第六章　智能 5G，改變社會

第一章

鋒從磨礪出

引子

　　制裁、封鎖、圍攻……從中興到華為，啟動國家機器打壓一家企業，這樣的情況在移動通信領域極為罕見，令人難以置信，但卻實實在在地發生了。

　　這背後是「科技冷戰」，是信息霸權，亦是某些力量對中國力量在移動通信這一高科技領域崛起的恐慌！

　　面對黎明前的黑暗，是焦慮狂躁，無所適從，就此低頭放棄，還是砥礪奮進，從容前行，奔着曙光而去？執着的中國通信企業用實際行動交出了自己的答卷。

　　這背後是戰略佈局，是勇於擔當，亦是中國精神數十年來在移動通信領域的代代傳承！

1.1　逆境初現，坦然應對

北京時間 2018 年 4 月 16 日夜，美國商務部宣佈，因中國通信設備製造商中興通訊股份有限公司（簡稱中興）違反美國政府的「制裁禁令」，禁止美國公司向其出售零部件、軟件和提供服務，期限為 7 年。此外，對中興處以 3 億美元的罰款。這部分罰款可暫緩支付，主要視中興未來 7 年執行協議的情況而定。

這無異於重磅貿易炸彈，中興 A 股、H 股被迫雙雙停牌，進入「休克」狀態。來自美國的零部件佔中興製造原材料的 10%～15%，這些零部件大多由美國壟斷，短時間內難以找到替代，如果「禁令」實施 7 年，中興將遭受災難性的打擊。

中興是什麼企業？美國政府為何要對這家企業採取這般「禁令」？

中興成立於 1985 年，是全球第四大通信設備製造商，也是中國內地最大的通信設備上市公司，年營收規模、總市值雙雙超 1000 億元。中興位居「全球創新企業 70 強」與「全球 ICT 企業 50 強」之列，全球專利申請超過 7.3 萬件、已授權專利超過 3.5 萬件，其 PCT（Patent Cooperation Treaty，專利合作條約）國際專利申請量三度居全球首位，並連續 9 年進入全球前五。

值得關注的是，中興在全球 5G 領域的影響力舉足輕重。

按照美國政府的說法，此次對中興採取的「制裁禁令」緣於兩年前的一樁舊案。

2016 年 3 月 8 日，美國商務部指控中興涉嫌違反美國對伊朗的出口管制政策，禁止美國公司向中興出售零部件、軟件和提供服務。次年 3 月，中興與美國商務部達成和解。根據協議，中興要向美國政府支付 11.92 億美元的罰款，其中 3 億美元緩期執行，如果中興在協議簽署之後 7 年內未違反協議內容，該筆罰款將被豁免。

上次舊案不再細表，這次美國政府又是什麼理由？就一條：中興此前承諾解僱 4 名高級僱員，並通過減少獎金等方式處罰 35 名員工，但最終只解僱了 4 名高級僱員，並未處罰其餘的 35 名員工。

如此牽強的理由，匪夷所思。

這絕不是什麼違反協議的單純制裁，這是美國遏制中國高科技產業崛起的「定點」打擊。2018 年 4 月初，美國貿易代表辦公室發佈了加徵關稅的商品清單，要對從中國進口的價值約 500 億美元的商品加徵高額關稅，該清單就涉及新一代信息技術領域的商品。

在中國政府的積極斡旋下，美國商務部長羅斯宣佈與中

興達成新的和解協議，美國將執行新的 10 年暫緩令。就連羅斯自己都承認，這是美國商務部史上罰款規模最大、處罰最嚴厲的出口管制案。

此次事件，中興付出了巨大的代價，中國在核心芯片領域的軟肋也暴露無遺。然而，有識之士早已看出：在產業高度分工、產業鏈全球化的背景下，美國制裁中興，就因為它是中國高科技領域掌握核心技術的標杆企業，因為它是全球「5G 先鋒」。

很快，華為技術有限公司（簡稱華為）的遭遇就印證了這一判斷。

2018 年 12 月 1 日，中國公民、華為首席財務官，華為創始人任正非的女兒孟晚舟在加拿大溫哥華轉機時，被加拿大以應美方要求為由扣押。加拿大司法部發言人麥克萊德說，美國正在尋求對孟晚舟的引渡。

5 天後，事件一經曝出，引發巨大關注，全球譁然。受該事件的影響，5G 概念股集體低開，上證指數、深證成指、香港恆生指數皆成跌勢，華為核心供貨商的市值蒸發數百億元。

中國駐加使館和中國外交部嚴正表態，對這一嚴重侵犯人權的行為表示堅決反對並強烈抗議。12 月 8 日，中國外交部副部長樂玉成緊急召見加拿大駐華大使麥家廉，就此事提

出嚴正交涉和強烈抗議。12 月 11 日，中國外交部長王毅發表演講時表示，對於任何肆意侵害中國公民正當權益的霸凌行徑，中方絕不會坐視不管，將全力維護中國公民的合法權利，還世間一份公道和正義。同日，加拿大法院批准了孟晚舟的保釋申請。

超出眾人預料的是其後美國對華為採取的行動。一方面，美國政府以安全為由，屢屢游說西方盟友抵制華為 5G 設備，然而應者寥寥，因為華為 5G 設備卓越的技術優勢和成本優勢令國際運營商難以拒絕。另一方面，美國政府再次憑藉其在高科技領域的「霸主」地位，對華為實施「禁運」。

當地時間 2019 年 5 月 15 日，美國總統特朗普簽署行政命令，宣佈美國進入緊急狀態，在此狀態下，美國企業不得使用對國家安全構成風險的企業所生產的通信設備。隨後，美國商務部發表聲明，將華為及其 70 個關聯企業列入美方「實體清單」，禁止華為在未經美國政府批准的情況下從美國企業獲得零部件和相關技術。

這與此前美國對中興揮舞大棒如出一轍。英特爾、高通、ARM、谷歌等華為的核心供應鏈企業皆受「禁令」影響，華為面臨供應鏈全面斷貨的巨大危機。

美國的一紙「禁令」，實乃「傷敵一千，自損八百」之舉。

據市場研究機構 Gartner 的報告，華為 2018 年僅半導體的採購支出就達 211 億美元，是全球僅次於三星和蘋果的第三大芯片買家，而這些芯片大多產自美國。這一舉措給美國的企業也帶來了極大的打擊。在多方因素的影響下，美國意圖對華為實施的「降維打擊」突然暫停。5 月 20 日，美國決定將對華為的「禁令」延遲 90 天實施，理由是華為及其商業夥伴需要時間升級軟件以及處理一些合同義務的問題。

美國為何不惜動用國家機器，如此針對華為這家中國企業？確切地說，因為恐慌。

恐慌來自華為的成長速度。華為成立於 1987 年，短短 30 餘年就發展成為全球排名第一的通信設備製造商。華為高度重視標準與專利，專利數以平均每天申請 6 件的速度增長，而且質量較高，超過 85% 為發明專利。根據世界知識產權組織的數據，2018 年華為就向該機構提交了 5405 件專利申請，在全球所有企業中排名第一。

更讓美國恐慌的是，華為在 5G 領域擁有獨一無二的優勢，是目前全球能夠提供端到端 5G 商用解決方案的兩家通信企業之一。目前，華為共向 3GPP（3rd Generation Partnership Project，第 3 代合作夥伴計劃）提交 5G 標準提案 18000 多篇，向 ETSI（European Telecommunications Standards

Institute，歐洲電信標準組織）聲明 5G 基本專利 2570 族，在業界均排名首位。

面對突如其來的黑暗時刻，華為的應對沉穩而又霸氣。對於中國高科技企業最大的軟肋 —— 芯片和操作系統，華為早有「備胎」。海思總裁何庭波致員工的一封信迅速在網絡中傳播，信中的豪言壯語氣勢如虹：「多年前，華為就做出了『極限生存』的假設……今天，是歷史的選擇，所有我們曾經打造的『備胎』，一夜之間全部轉『正』！」

一系列事件發生後，一向低調的華為創始人任正非開始高頻次接受中外媒體採訪，並邀請媒體走進華為高科技實驗室參觀。這位在多年前就佈局短板領域、為華為「極限生存」做準備的戰略家，表示對未來充滿信心。他在接受美國消費者新聞與商業頻道的採訪時表示，華為營收還在增長，可以獨立應付美方「禁令」。

從中興到華為，美國手段不一，但目標明確，不惜一切代價，要遏制中國移動通信高科技產業的崛起，哪怕撕下民主、自由的外衣。

從佈局到應對，中國的通信企業披荊斬棘，不畏一切困難，唯執着創新，要讓創新的技術和解決方案惠及世界各地，哪怕面對無情、無理的打壓。

1.2　移動通信戰略高地上的中國聲音

隨着第三次工業革命 —— 信息革命大門的開啟，信息化、網絡化成為當今世界最顯著的特徵之一，推動經濟社會轉型、實現可持續發展、提升國家綜合競爭力的強大引擎啟動了。

特別是第二次世界大戰之後，全球主要國家基本達成共識：強化網絡基礎設施建設是提升國家綜合競爭力的必由之路，只有掌握先進的信息技術、網絡技術，才能擁有發展優勢。因此世界各國紛紛將發展寬帶網絡作為戰略部署的優先行動，作為搶佔新時期國際經濟、科技和產業競爭制高點的重要舉措。

其中，隨着移動通信技術的不斷突破，寬帶化、移動化兩大網絡發展方向逐漸在移動通信領域實現了統一。移動通信也成為新時期經濟社會發展的戰略性公共基礎設施，直接影響着經濟、社會、文化、軍事等各領域的發展，成為全球科技創新和大國必爭的戰略高地。

因此，從 1G、2G 到 3G、4G，直到 5G，全球主要國家在移動通信標準、系統、終端、運營、應用等領域展開了激烈的競爭。

　　在一片硝煙之中，中國力量逐漸崛起。中國成為全球頭號移動通信大國、設備生產大國、手機製造大國與移動互聯網大國。

　　在運營領域，中國已在神州大地建成了溝通城鄉、覆蓋全國、通達世界的全球最大的移動通信網絡，全國基站總數超過 600 萬座，其中僅 4G 基站就超過 456 萬座，約佔全球 4G 基站總數的 2/3。在網絡覆蓋率處於全球頂尖水平的同時，中國的移動寬帶速率也在快速提升。2019 年第一季度的《中國寬帶速率狀況報告》顯示，中國的移動寬帶用戶使用 4G 網絡訪問互聯網時的平均下載速率達到 23.01Mbit/s，同比增長了 20.4%。知名國際機構開展 Speedtest 網絡測速的結果顯示，2018 年 7 月中國的移動寬帶下載速率在 124 個國家和地區中排名第 37 位，進入全球前列。目前，中國的移動電話用戶數、移動寬帶用戶數已經雙雙位居世界第一，中國移動、中國電信、中國聯通三大基礎電信企業均位列全球 500 強。

　　在應用領域，中國形成了全球最大的移動互聯網應用市場，移動互聯網月度活躍智能設備規模達 11.3 億個，僅 2018 全年就淨增近 4600 萬個。全球十大互聯網科技公司中，中美平分秋色。中國互聯網企業正大規模走出去，將中國模式推介

到全球，在國際互聯網領域的影響力越來越大。

在製造領域，中國一批通信設備製造企業成長為世界級領先企業，華為高居全球通信設備製造商榜首，中興位居全球第四；中國通信設備製造產業規模雄冠全球，移動基站、智能手機產量位居全球第一；全球前十大智能手機企業中，中國佔據了 7 席⋯⋯在移動通信設備製造領域，「Made in China」撕掉了低質、低價的標籤，成為中國高科技產品的亮麗名片。

如今，中興為全球 160 多個國家和地區的電信運營商和企業網客戶提供創新技術支持與產品解決方案；華為為全球電信運營商 50 強中的 45 家提供服務，其產品和解決方案應用於全球 170 多個國家和地區，惠及全球 1/3 的人口⋯⋯自主創新，開放合作，在全球最大的移動通信市場中，中國的通信企業在 5G 技術、標準和產業方面，直面重壓，厚積薄發，探索着更好的模式，致力於提供最佳的解決方案，以全力推動世界互聯互通為己任。

開放、包容、合作、共贏，中國秉承這樣的理念和誠意發展 5G，在逆境中堅守，堅持打造全球化的產業生態，樹立示範標杆，為全球移動通信行業發展注入強大發展動能，一如既往地為全世界信息通信文明貢獻中國的力量。

尾聲

僅僅是差距縮小就已讓美國等西方國家「心事重重」，何況是在某些領域已經領先！中國創新力量在移動通信領域的崛起，令美國這一超級大國在信息時代倍感焦慮，美國不惜採取多種手段，意圖阻止中國、阻止改變。而這恰恰說明，中國在移動通信領域的自主創新之路走得成功、走得自信！

從 1G 空白、2G 跟隨，到 3G 突破、4G 同步，再到 5G 局部領先，30 多年的時間，中國的通信企業以不懈的努力和創新的精神，助力移動通信行業實現了華麗「蝶變」。

這一路，坎坷多舛，驚心動魄；這一路，風雲激盪，英雄輩出！

第二章

豪華 1G，改變視野

引子

20 世紀八九十年代，中國什麼最流行，什麼最時尚？

沒錯，就是它，黝黑、粗笨、像塊磚頭的「大哥大」。

當時，它是身份的象徵、財富的彰顯。

「大哥大」為什麼如此昂貴，買一台就需要當時的普通人
20 年的工資？

堪稱超級奢侈品的「大哥大」又為何一機難求，哪怕徹夜
排隊也不容易買到？

2.1　美妙的無線電波

要說清楚「大哥大」的故事，我們首先需要了解一下什麼是通信。

通信，簡單來說，就是傳遞信息。我把我的信息發給你，你把你的信息發給我，這就是通信。

從人類誕生的那一刻起，通信就是生存的基本需求之一。新生的嬰兒通過哭聲給自己的母親傳遞飢餓的信息，索取母乳和關愛。參與圍獵的部落成員通過呼吼聲召喚同伴，請求支援和協助。這一切，都屬於通信的範疇。

隨着人類社會組織單位的不斷擴充，通信的作用也越來越大。國家之間的合縱連橫、親人之間的思念關懷，都與通信息息相關。通信的手段，除了面對面交談這種近距離的方式，還逐漸發展出烽火、旗語、擊鼓、鳴金等遠距離的方式。

這些方式主要通過視覺或者聽覺來實現通信，要求通信雙方之間是可視的，或者相互之間是可以聽見的。這就極大地限制了通信的距離和範圍。

隨着社會的發展和生活的需要，還發展出傳送文書的驛站、信鴿等通信手段，與其他通信方式配合使用。採用驛站或信鴿等方式雖然一定程度上解決了距離受限的問題，卻帶來了

時效性差的新問題，無法在很短的時間內將信息送達。

到了 19 世紀，人類的通信方式終於迎來了重大變革。隨着第二次工業革命的浪潮，人類進入了電氣時代。電磁理論的發現及完善為現代通信技術的發展奠定了基礎。

了解通信，你必須認識這些人

1839 年，全球首條真正投入運營的電報線路在英國出現。這條線路長約 20km，由查爾斯·惠斯通和威廉·庫克發明。

相隔不久，1840 年，美國人塞繆爾·莫爾斯研製出了可用於實際通信的、具有商業價值的電報機。此前，他還發明了一套將字母、數字進行編碼以便傳送的方法，也就是莫爾斯碼（Morse Code）。

貝爾正在試用電話　　　　馬可尼進行無線電試驗

1876 年，亞歷山大・格拉漢姆・貝爾申請了世界上第一台可用的電話機的專利，隨後創建了貝爾電話公司（AT&T 公司的前身）。

1897 年，意大利無線電工程師伽利爾摩・馬可尼在倫敦成立了馬可尼無線電報公司。1899 年，馬可尼發送的無線電信號成功穿越了英吉利海峽，1901 年又成功穿越了大西洋，從英國的倫敦傳到加拿大的紐芬蘭。1909 年，在無線電報領域取得的巨大成就讓馬可尼與布勞恩共同獲得了諾貝爾物理學獎，馬可尼由此享有「無線電之父」的美譽。

從此，人類開啟了用電磁波進行通信的近現代通信時代。通信的距離限制被不斷突破。與此同時，長距離通信的時延也在不斷降低。

雖然通信技術在迅速發展和普及，但當時的人們還面臨一個很重要的理論瓶頸，那就是 —— 究竟什麼是信息？信息的量到底該如何量化？

在我們普通人看來，「信息」是一個非常普通的概念，但正因為它非常普通，所以解釋起來非常困難。《現代漢語詞典》中，「信息」的解釋是這樣的：「信息論中指用符號傳送的報道，報道的內容是接收符號者預先不知道的。」這顯然非常抽象，單從定義上看，無法對其進行量化。

　　如果不能量化，我們設計信息系統或通信系統時就無從下手。

　　這裏就要隆重介紹一下信息通信業的「祖師爺」、信息論的鼻祖 ── 克勞德・香農先生。

　　1948 年，是一個值得被人類記住的年份。這一年，香農先生發表了一篇影響極為深遠的論文 ──《通信的數學理論》（*A Mathematical Theory of Communication*）。在這篇論文中，香農提出，信息和長度、質量這些物理屬性一樣，是可以測量和規範的。他還發明了一個全新的單詞 ── bit（比特），作為衡量信息量的單位。如今，這個度量單位已經眾所周知。

克勞德・香農（1916 ── 2001）

　　同時，他將熱力學中「熵」的概念引入信息論，用以定量地衡量信息的大小。香農認為，人們獲得的任何信息都存在一定的冗餘，去掉這些冗餘之後的平均信息量，就是信息熵。

　　該如何理解呢？簡單來說，隨機事件發生的概

率越小，一旦該事件發生，它提供的信息量就越大。舉個例子，如果我告訴你，「地球是圓的」，這句話的信息量就是 0。簡而言之，我所說的是眾所周知的。如果我告訴你，「你家門口那棵老槐樹底下埋了 1 億元現金」，而且這是真的，那麼這個信息量顯然就很大了。

除了信息熵外，香農還給出了偉大的香農定理，明確指出了影響信道容量的相關條件，見如下香農公式。

$$C = W \log_2 \left(1 + \frac{S}{N} \right)$$

其中，C 代表信道容量；W 代表信道的帶寬；S/N 代表信號的平均功率和噪聲的平均功率之比，即信噪比。

香農的一系列貢獻為通信技術的高速發展奠定了理論基礎，也為通信技術的發展指明了方向。70 多年來，在香農定理的指引下，通信工程師們一直都在試圖突破通信系統的極限。

說到信道和通信系統，讓我們先來簡單了解一下它們。

任何通信過程都可以看成一個通信系統作用的結果。任何一個通信系統都包括以下三個要素：信源、信道和信宿。例如下課時，校工打鈴，在這個系統中，校工就是信源，空氣就是信道，而老師和同學們就是信宿。那鈴聲是什麼呢？鈴聲就

是信道上的信號。這個信號帶有信息，信息告訴信宿 —— 該下課了。更具體一點，電鈴就是發送設備，老師和同學們的耳朵就是接收設備。

通信技術的發展過程，其實就是研究如何在更短時間內傳輸更大信息量的過程。為了達到這個目的，信源需要不斷升級自己的發送設備，信宿需要不斷升級自己的接收設備，而信道的介質也需要不斷進行升級。

在有線電報時代，莫爾斯碼通過電流脈沖的長短組合來發送符號，比如字母 a，就是「● —」，一個點信號，一個長信號。發送一個完整的單詞需要幾秒甚至十幾秒的時間。顯然，這種速度是我們無法接受的，既費時又費力。

通信系統的三個要素

通信系統的工作過程

隱藏在校園裏的神祕「暗號」

　　莫爾斯碼由兩種基本信號和不同的間隔時間組成：短促的點信號「●」，讀「嘀」（Di）；保持一定時間的長信號「—」，讀「嗒」（Da）。用不同排列順序的「嘀」和「嗒」來表示不同的英文字母、數字和標點符號等。莫爾斯碼的編碼規則簡單清晰，在早期無線電通信中的影響舉足輕重。電影《風聲》中，顧曉夢就是採用在衣服上縫出莫爾斯碼的方式，將消息傳播出去的。

　　如果你有機會造訪北京郵電大學，在學校西門處毛主席像和校訓石的正前方會發現一組神祕的「暗號」。看下面這張圖上，幾塊黑色的地磚呈長條和點狀，

北京郵電大學校訓地磚
夏一凡 / 攝

不規則地分佈在淺色的地磚上。乍一看，好像沒什麼特別的，但無線電發燒友估計會發現一些端倪。沒錯，這是一組莫爾斯碼。

從校訓石往西門看，第一個是嘀嘀嘀嘀（H）；第二個是嗒嗒嗒（O）；第三個是嘀嘀嗒（U）；再往下看，一串莫爾斯碼就出來了。答案就是：HOUDE BOXUE JINGYE LEQUN，正是北京郵電大學的校訓「厚德博學　敬業樂群」。（後來校訓中的「樂群」讀音改為古音「yàoqún」，但此處的莫爾斯碼卻按照原來的讀音保留了下來。）

1888 年，德國人海因里希・魯道夫・赫茲用實驗證明了電磁波的存在，從此打開了通往無線電通信世界的一扇窗戶。如前文所述，後來伽利爾摩・馬可尼實現了人類歷史上首次無線電通信，真正打開了無線電通信世界的大門。人們開始用「（電磁）波」來承載信息。

能不能把「線」扔掉？

自有線電報和有線電話被發明之日起，人們就開始感受到它們帶來的遠距離通信的便利。漸漸地，人們又開始思考新的問題 —— 是不是可以把「線」扔掉，實現「無線」通信呢？

　　有線通信和無線通信所謂的「線」其實就是信道。信道有很多種介質，電纜、光纜這類屬於有線介質，而空氣則屬於無線介質。

　　不管是有線還是無線，傳輸的都是電磁波 —— 在有線電纜中，電磁波是以導行波的方式傳播；而在空氣（或真空）中，電磁波是以空間波的方式傳播。

　　無線通信系統包括多種類型，例如廣播通信、無線對講通信、手機通信、Wi-Fi 通信、衛星通信以及微波通信等。

　　手機通信系統，也就是我們常說的移動通信系統，是最為典型的無線通信系統。它也叫蜂窩通信系統，因為手機的通信依賴於基站，而基站小區的覆蓋區看上去有點像蜂窩。

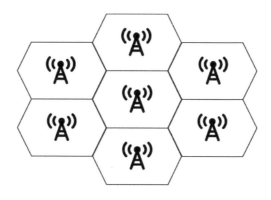

基站小區覆蓋區示意圖

馬丁・庫帕和他的
手機
來源：搜狐網

　　世界上第一部真正意義上的手機誕生於 20 世紀 70 年
代。1973 年 4 月的一天，一名男子站在紐約街頭，掏出一個
約有兩塊磚頭那麼大的設備，並對着它說話。這名男子興奮得
手舞足蹈，引得路人紛紛注視。他，就是手機的發明者，摩托
羅拉公司的工程師馬丁・庫帕。

　　手機的發明，意味着移動通信時代的開啟。也就是說，
1G 時代來了！

2.2　一切從零開始

　　當全球無線通信技術飛速發展，將「移動着通信」的夢
想接入現實之時，中國的移動通信，甚至整個通信行業，尚處
於一窮二白的狀態。

　　黑乎乎的「搖把子」電話，樓下小賣部裏時不時響起的老大爺叫接電話的聲音，長途電話局裏等候長途叫號一站就是幾小時的經歷⋯⋯曾經，「樓上樓下，電燈電話」是人們對美好生活的嚮往。小小的電話，承載了多少人或浪漫、或無奈、或溫馨的時代記憶。

　　伴隨着改革開放的春風，封閉多年的國門對外敞開，人們急切渴望了解外面的世界，也急切期盼外面的世界了解中國。然而，落後的通信成了橫亙於改革開放路上的絆腳石。

　　「令人窒息的瓶頸！」提起改革開放之初的通信狀況，老一輩通信人的心情分外沉重。

　　1979 年，廣東深圳蛇口，改革開放的第一聲春雷在這裏響起，外商接踵而至，外資滾滾而來。然而，當外商發現這裏的電話沒得打、打不通時，他們猶疑了，甚至來談生意時不敢在深圳過夜，就怕電話打不通，掌握不了股市行情。就這樣，一些幾百萬元的投資項目流失了。當時，深圳全市只有 500 門電話、20 條長途電話線路，怎麼可能夠用？

　　對通信需求迫切的，又何止深圳？時任廣東省郵電管理局局長的李清萬曾講過一個故事。一次，他去外地出差，在火車上聽到乘客議論：「電話一天到晚打不通，應該把那個郵電局局長拉出來槍斃了，審都不用審。」老局長的心像針扎一樣

疼，但他理解群眾的抱怨，他比誰都着急。改革開放進行得如
火如荼，通信需求日益高漲，此時必須大力建設通信網絡，破
解發展瓶頸。但建網就需要錢，錢在哪裏？

沒錢！廣東省沒錢，郵電部沒錢，國務院也沒錢！

歷史資料顯示，1949 年至改革開放初期的 30 年間，中國
對郵電通信行業的全部投資不到 60 億元，最少的年份甚至只
有 2000 萬元。這樣的投資只能維持最基本的簡單再生產。

1978 年，中國電話普及率僅為 0.38 部／百人，比一些非
洲國家的電話普及率還低；電話機總數約 360 萬部，不足世
界平均水平的 1/10。1980 年，中國擁有的電話機數僅相當於
美國 1905 年、英國 1947 年、日本 1958 年的水平。移動通信
這種當時全球公認的「奢侈通信」，對於中國來說更是天方夜
譚。長期「欠賬」的累積，導致改革開放初期通信能力與民眾
需求之間的矛盾集中爆發。

怎麼辦？國家能不能給郵電通信行業增加點兒投資？可
當時國家百業待興，哪裏都需要錢。國務院主要領導明確提
出：增加投資，沒有！可以給政策，給優惠。

在國務院的支持下，經郵電部及相關部委反覆研究，「三
個倒一九」「四個一起上」「收取市話初裝費、附加費」等政策
先後出台。1980 年 6 月 20 日，郵電部、財政部和國家物價總

局徵得國家計劃委員會（簡稱國家計委）、國家經濟貿易委員會（簡稱國家經委）同意，發佈《郵電部、財政部、國家物價總局關於對市內電話新裝用戶收取初裝費的聯合通知》。政策文件明確要求，電話初裝費作為一項政策性基金，主要用於通信網絡建設，專款專用，不可任意挪用。

「1994 年，我家花了 4800 元裝了一部固定電話，全家人新鮮得不行，跟過去不常見的親戚、朋友都聯絡上了。」在油田工作的羅麗娟回憶起當時家裏裝上電話的情形，還很興奮。那會兒，她家成了整棟樓的「信息中心」。

隨着建設資金問題的緩解，通信網絡建設快速鋪開，和羅麗娟一樣能用上電話的人也越來越多。2000 年，中國電話用戶數已由 1979 年的 200 餘萬戶增長到 2.29 億戶，電話普及率也增長到 20.1 部 / 百人。

一位著名經濟學家分析說，從本質上看，電話初裝費屬於一種稅費，它對富人和電信服務成本較低的地區（如城市）的用戶來說是一種稅負，用於補貼窮人和電信服務成本較高的地區（如農村）的未來用戶，「可以說，改革開放後中國郵電通信大發展，電話初裝費功不可沒，這些費用在一定程度上起到了促進電信普遍服務的作用」。

電話初裝費不僅促進了通信網絡建設，還每年被抽取

3% 作為水利建設資金，被抽取 5% 作為移動通信設備的發展
基金。

在各方政策的支持下，加之郵電部大膽創新，採用「負
債經營、借貸建網」的資金運作新模式，被視為「奢侈品」的
移動通信開始走向台前。

2.3　鈴聲一響，黃金萬兩

1984 年，中國改革開放的總設計師鄧小平在視察深圳後
明確提出:「中國發展經濟、搞現代化，要從交通、通信入手，
這是經濟發展的起點。」

正如這位高瞻遠矚的老人所言，通信瓶頸的突破、移動
通信的發展，迅速成為改革開放的加速器，改變了國人的視
野，改變了發展的格局，改變了增長的態勢。可謂「鈴聲一
響，黃金萬兩」。

1987，中國迎來移動通信元年

1978 年，中國改革開放剛剛拉開帷幕之時，美國在芝加
哥開通了全球第一個移動通信系統，次年日本建成了全球第一
個蜂窩移動通信網絡。移動通信的出現也引起了正在改革開放

中奮起直追的中國的關注。

　　早在 20 世紀 70 年代中期，郵電部就指派電信傳輸研究所蒐集相關信息，密切關注世界移動通信的發展。1978 年，郵電部從意大利引進了車載移動通信系統，在北京完成了中國歷史上第一次移動通信試驗。四年後，1982 年 7 月 1 日，郵電部電信傳輸研究所和郵電部第一研究所研發的中國第一套移動通信設備 —— 150MHz 公用模擬移動通信交換系統，在上海面向社會投放使用。

1982 年 7 月 1 日，中國第一套移動通信設備（150MHz）上市，機房設在七重天大樓頂層。圖為由電話機、天線和收發信設備三部分組成的移動電話，它只能放在車上或船上使用

隨着改革開放的深入推進，商品經濟在中國各地迅速發展起來。商品市場的確立、生產社會化程度的提高，使得跨部門、跨行業、跨地區甚至跨國界的經濟交往與合作越來越多，這些都需要高質量的信息溝通保證。

然而，當許多外商來到改革開放的前沿陣地 —— 廣東投資時，卻因為沒有移動通信網絡，手中的「大哥大」只能處於閒置狀態，溝通不暢，發展受制，「三來一補」（來料加工、來樣加工、來件裝配和補償貿易）等外向型企業的通信需求分外迫切。

1985 年，郵電部決定着手制定中國移動通信網絡的技術體制。這意味着中國準備上馬移動通信。

這一任務交給了電信傳輸研究所，主要由盧爾瑞（後任廣東省移動通信局局長）、李默芳（後任郵電部移動通信局總工程師，中國移動通信集團公司黨組成員、總工程師）、趙厚麟（後任國際電信聯盟祕書長）等帶領團隊負責。

「其實，20 世紀 70 年代末 80 年代初，日本、歐洲已經啟動了蜂窩移動通信系統的研究工作。但當時最熱門的是微波、衛星，移動通信不被大家看好，我們有好幾年幾乎無事可做。」李默芳回憶道。她和同事們時常幻想：什麼時候中國能建一個移動通信系統呢？當時，大家都認為這種想法的實現遙

不可及。為什麼？當時國外在移動通信發展初期，主要業務方向是汽車電話，是典型的富人通信。當時的全球主流觀點認為，人均收入達到 1 萬元以上的國家才有可能發展移動通信。而當時中國的人均收入遠遠低於這個標準。

改革開放、經濟發展的巨大需求改變了人們的預期與判斷。

制定移動通信網絡技術體制是一項開拓性的工作，幾乎沒有經驗可以借鑒，一切從零起步。李默芳和同事們歷經艱辛，成功完成了任務。這部統一的技術體制成為中國第一代移動通信（模擬蜂窩）網絡建設的指導性文件，為移動通信網絡的大發展奠定了堅實的技術基礎。

為了適應改革開放的需要，促進沿海地區的發展，考慮到珠江三角洲毗鄰香港地區，同時又是沿海區域，郵電部審時度勢，決定以第六屆全國運動會為契機，將珠江三角洲蜂窩移動電話一期工程作為重點突破口，開始建設移動通信網絡。

1987 年是中國移動通信史上劃時代的一年。

這一年的 11 月 18 日，廣東省珠江三角洲移動電話網首期工程完成，這意味着中國內地第一個大容量蜂窩公用移動通信系統正式開通。11 月 20 日，在第六屆全國運動會的開幕式上，廣東省省長葉選平接通了 900MHz 蜂窩移動電話。從此，

中國進入了移動通信規模化商用的新階段。

時任廣州電信局無線分局局長的馮柏堂參與並見證了中國第一批移動通信基站的建設。「當時我們是第一批人，都是自己搞設計、安裝，一有人說電話打不通就要奔去維修。」那時候，無線分局的辦公條件很簡陋，現在根本無法想像。「我們在東較場的電報大樓樓頂搭了個鐵皮屋辦公，就那樣幹了10 年。」就是在這樣簡陋的條件下，他們建成了廣州模擬網的 1 個交換局和 3 個基站，成功開通了全國第一個蜂窩移動通信網絡，開通了中國第一台手機。

南海漁村集團董事長徐峰是中國第一位手機用戶。1987年 11 月 21 日，他在廣州辦理手機入戶手續，號碼為 901088。

徐峰回憶道：「當時郵電局的人還不知道這手機應該賣多少錢，他們讓我押了一張 2 萬元的支票，先把手機拿走。」那是一台 NEC 模擬手機，撥打電話需要拉出天線。當時周圍的人對他手上拿着的「磚頭」非常好奇。徐峰為這台手機花了近 2 萬元，這一價格在當年相當於一部豐田牌農夫車的價格。「當時一共 100 部手機，100 個號碼，所有的號碼都是手寫抄在一張紙上，號碼一共 6 位，前面 4 位是 9010。」因為是第一個用戶，徐峰可以挑選號碼，他一眼就相中了「901088」這個號碼。當時的他並沒有想到，這個號碼一直伴隨了他 14 年。

徐峰使用「大哥大」　　　　　　徐峰的移動電話安裝申請表

直到現在，這部模擬手機仍然珍藏在他的家中。

　　移動通信網絡在廣東的開通和發展，服務了急需的用戶，滿足了外向型企業緊迫的通信需求，並由此使一批合資企業如雨後春筍般在中國沿海地區落地扎根。隨後，上海、重慶、北京、遼寧等省市先後開通了模擬移動通信網絡，移動通信開始逐步走進國人的生活。

　　當時，郵電部規劃所預測，到 2000 年時，中國的移動電話用戶可以達到 80 萬戶。連移動通信行業的專家都覺得不可置信，怎麼可能會有那麼多用戶，不可能的，絕不可能。

事實再一次超出了想像。

1991 年中國移動電話用戶數僅有 4.75 萬戶，1992 年達到 17.69 萬戶，1993 年達到 63.82 萬戶，年增長率分別達到驚人的 272% 和 261%，1999 年，移動電話用戶數達到 4330 萬戶，2000 年，突破 8000 萬戶，達到 8453 萬戶！

供不應求的奢侈品

第一代蜂窩移動通信手機被人們戲稱為「大哥大」。為什麼？因為那時只有經濟實力特別強的人才買得起、用得起。

中國推向市場的第一批「大哥大」是日本的 NEC 品牌手機。當時，進口一台 NEC 手機需 1350 美元，售價大概是 12000 元，入網費要 6000 元，話費按 0.6 元 / 分鐘計，月租 150 元，總費用一般是一個月一兩千元，多的高達三四千元。如此貴重的東西，如此高昂的花費，真是要日進斗金的人才能買得起、用得起。

但即便如此奢侈，第一批模擬手機還是賣得飛快，許多人必須起大早排隊或者託關係，才可能買到一部磚頭模樣的「大哥大」。

為什麼如此昂貴，還如此火爆？因為在市場經濟下，人們越來越深刻地認識到，信息就是財富，就是機會。

　　徐峰的感受代表了大多數人的心聲，一個電話很可能就是一單合同。

　　「本來我是打算採購一輛海鮮運貨車，但當時海鮮貨源基本都在 300 公里外的湛江，甚至在更遠的海南，漁船一上岸，報不報價，報多少錢，必須立刻決定。因為海鮮都是講時價的，不同時間下單的價格不同，每次下單要有一個量，但你不知道賣家會給你提供多少，也不知道價格是多少。從廣州到湛

儘管價格高昂，「大哥大」還是供不應求，這是當年北京某營業廳內「大哥大」用戶等待繳費的場景
來源：北京聯通

江，打電報要按字來收錢，而從收電報的電報站到漁村有七八個小時的路程，所以基本上沒什麼用。」

由於每天的銷售價格不同，在那個即時通信極為匱乏的年代，徐峰不能直接與賣家溝通採購價格，通信的不便給他帶來了不必要的損失。所以，購買手機對徐峰來說就像投資一個項目！「必須先買手機，然後用手機提高效率賺更多的錢，就可以買更多的海鮮運貨車了。」事實也確如徐峰所料。從最初創建第一家南海漁村到現在擁有五家高級連鎖酒店，手機對於徐峰來說是一大助力工具。

「手機徹底改變了我的生活。」徐峰所從事的是餐飲業，手機讓他可以很方便地同時考察東京、廣州和澳大利亞各大城市不同市場的貨源，全球採購可實時決定，「速度快了很多，效率也高了不少！」

2.4　無奈與妥協

「大哥大」在改革開放前沿陣地火爆的背後，我們也必須承認，中國移動通信行業的技術力量與產業化能力「令人揪心」。

1G 時代，我們對移動通信技術的掌握、理解、應用與世

界先進水平還存在着巨大的差距，整個產業遠遠落後於發達國家幾十年。移動核心技術、移動設備製造等關鍵要素全部掌握在愛立信、摩托羅拉、貝爾實驗室等國外先進企業或機構的手中。國內移動通信行業還沒有能力支撐起移動通信網絡的建設，無論是成形產品還是技術儲備，都無法應對撲面而來的移動通信網絡建設浪潮。因此，中國最初的移動通信網絡全部是依靠進口設備來建設的。

全部依賴進口，除了要付出高額的專利費和昂貴的基站設備費用外，網絡的建設、佈局也要受制於人，每一步的發展都分外艱難。1G 模擬網的聯網工作就是例證。

第一代移動通信技術有多個標準，如美國的 AMPS、英國的 TACS、日本的 JTAGS 等。美國 AMPS 制式的移動通信系統在全球的應用最為廣泛，曾在 70 多個國家和地區運營，直到 1997 年還在一些地方使用。有近 30 個國家和地區採用英國 TACS 制式的移動通信系統。這兩個移動通信系統是世界上最具影響力的 1G 系統。

只有「國家標準」，沒有「國際標準」，這是第一代移動通信系統的致命傷。這就意味着，這些標準都缺乏漫遊規範，難以順利實現漫遊。

對於移動通信技術，漫遊功能很重要，我們國家很大，

全國漫遊就更為重要。不能漫遊，怎麼辦呢？

當時，中國模擬移動通信網絡的制式較多，有英國的TACS，也有美國的 AMPS 等。TACS 系統的主要供應商是愛立信，AMPS 系統的主要供應商是摩托羅拉。人們通常把用愛立信設備組建的模擬網稱為 B 網，把由摩托羅拉設備組建的模擬網稱為 A 網。

愛立信、摩托羅拉各有一套自己的漫遊規範，但是不能互聯互通。因此，郵電部要求每個省（區、市）採購一個廠家的設備，以方便用戶省（區、市）內漫遊，如果跨省（區、市），就只能採用「人工漫遊」的方式。例如，北京的用戶去廣州出差，就人工配置一個廣州的號碼，到了廣州，把新配置的號碼告訴親戚朋友，方便聯繫。當時，移動通信網絡沒有實時計費系統，各地通過交換磁帶的方式進行結算，一般三個月後才能結算漫遊費用。所以，北京的用戶收到在廣州產生的話費單已經是三個月後了。由於操作複雜、結算滯後，當時有關漫遊資費的糾紛很多，人工漫遊帶來的問題日益突出。

1993 年，時任郵電部電信總局副局長的高惠剛把李默芳等「技術大拿」召集到一起，請大家想辦法解決模擬網的自動漫遊問題。其時，郵電部已經開始啟動第二代數字移動通信的研究，李默芳就問高惠剛：「還值當嗎？」高惠剛說：「我

們還有幾百萬模擬網用戶呢，得為他們考慮，不能虧待這些
用戶啊。」

於是，全國自動漫遊在相關技術廠商不太支持的情況下
啟動了。「模擬網的廠商已經站穩了中國市場，對咱們做全國
漫遊標準不太積極。當年，通信標準的主導者都是設備製造
商，而且完全被國外廠商壟斷。我們要做自己的漫遊標準，必
須獲得廠商的配合，商業談判、技術試驗的過程還是相當艱辛
的。」其中一位曾參與模擬網聯網的工程師回憶道。

這確實是一個歷盡艱辛的過程。1996 年，中國模擬移動
通信網絡成功實現全國自動漫遊，這是全球第一個真正把不同
廠家設備連接起來的移動通信網絡！從此，移動電話用戶再也
不用每次出省（區、市）都必須到移動營業廳辦理漫遊手續
了，真正實現了「神州任我行」。

缺乏移動核心技術的辛酸，讓中國的移動通信從業者不
得不突破，不得不創新，一條以「市場換技術」的發展思路逐
漸清晰，中國的移動通信行業開始與世界接軌。

1984 年，中國通信行業第一家中外合資企業 —— 上海貝
爾電話設備製造有限公司正式成立，推動了中國通信設備製
造水平的提高以及相關產業的發展。1985 年，諾基亞在北京
開設了在中國的第一家辦事處，將先進的移動通信技術和設

備帶到了中國，在中國的移動通信發展中扮演了重要角色。同樣是 1985 年，愛立信也在北京設立辦事處。兩年後的 1987 年，中國使用愛立信設備在廣東廣州建設了第一代模擬移動通信系統，拉開了中國移動通信行業發展的序幕。同年，摩托羅拉進入中國設立北京辦事處，並於 1992 年在天津註冊成立摩托羅拉（中國）電子有限公司，逐漸成為中國移動通信發展中的風雲企業。這些外資企業將先進的移動通信技術帶入了中國，也在這裏找到了巨大的市場機遇，取得了跨越式發展。

與此同時，郵電部的相關科研單位也開始關注移動通信技術，並積極展開課題研究，雖然沒有特別的產業化成果，但為中國培養了一批移動通信領域的技術骨幹。20 世紀 80 年代，我們如今熟知的、叱咤全球的中興、華為等中國本土通信設備製造商才剛剛成立，還湮沒在成千上萬家小企業中，默默無聞。

尾聲

大河奔流，千帆競發。

乘着改革開放的春風，中國的移動通信行業從零出發，

向陽而生。無形的電波架起了中國與世界接軌的信息之橋，改革開放前沿的企業因為市場信息的暢通，產品變得更富競爭力；曾身處封閉、半封閉環境的人們因為領先理念的衝擊，視野變得更為開闊；政府部門因為國際先進科學技術、管理方式的引入，思想變得更加解放，一系列創新舉措潮湧四方。

　　儘管很弱小，儘管很單薄，但中國的移動通信行業毅然大踏步地融入了時代洪流。

第三章

全民 2G，改變觀念

引子

1994 年，60 多萬戶！2008 年，超 6 億戶！

2G 時代，不到 15 年的時間，中國的移動電話用戶數就增加了近 1000 倍！這是縱覽全球都不曾出現過的發展奇跡。

移動電話是如何從奢侈品變成必需品的？中國又是如何在十餘年間從移動通信「小白」成長為全球移動電話用戶數最多的、手機產銷量和品牌最多的國家的？

3.1　移動通信不是配角，是主角

移動通信的出現，為人們隨時隨地自由溝通的夢想插上了騰飛的翅膀。然而，這雙「翅膀」實在太昂貴，發展初期僅僅少數人才享用得起。一部手機要兩三萬元，入網費數千元，一般老百姓可望而不可即。不僅如此，想要擁有一部這麼昂貴的笨家伙，還很難拿到號碼，往往要排隊數月或者走「後門」、託關係才行。

移動通信就注定是「豪華通信」嗎？讓老百姓用上手機就這麼難嗎？

改變，從一個決策開始。

1993 年，剛剛上任的郵電部部長吳基傳在全國郵電管理局長座談會上明確提出，要以市場需求為導向，堅持高起點，保持高速度，力求高質量，實行規模經營，實現通信超常規大發展。這位具有多年部省工作經歷的「老郵電」深知地方經濟發展對通信的渴求。

隨後，吳基傳一行深入東莞、番禺、珠海、揭陽、汕頭、深圳、梅州等地深入調研通信的發展情況。廣東是改革開放的前沿陣地，也是中國移動通信的發源地，當時在這一個省就聚集了全國 1/5 的移動電話用戶。

調研結果在當時顯得十分新穎和另類：移動電話不是固定電話的補充，而是通信的重要手段之一。隨着改革開放的深入，人們的經濟生活日益活躍，移動電話將成為人們工作和生活中必不可少的通信工具，移動通信將成為名副其實的大眾通信。

郵電部黨組很快形成共識：在固定電話發展階段，中國落伍了。現在，全球移動通信發展方興未艾，中國不能再錯失機遇，而要迎頭趕上，躋身世界發展前列。要以最快的速度建成覆蓋全國大中城市的移動通信網絡，大幅度降低移動通信入網費，讓老百姓用得上、用得起手機。

1994 年 3 月 26 日，郵電部成立移動通信局（簡稱移動局）。移動局的成立，標誌着移動通信業務已經正式從成立之初的固定通信業務「替補隊員」，躋身為中國主要的電信業務之一。

移動局第一任局長杜保良是援藏回來的「老電信」。杜局長接到上級指令後，帶着十幾個人，租用北京電信管理局招待所的四個標準間，開始了風風火火的創業路。後來，移動局租用了北京市計算機技術研究所的一層樓，辦公地點從招待所搬到了北京市西城區的錦什坊街。辦公樓裏冬天沒有暖氣，冷得很，大家穿着大衣辦公還要時常站起來跺跺腳；夏天有空調，

但那是機房裏面的「寶貝」獨享的，從普通員工到處長，再到局長，全部都在辦公室裏揮汗如雨。

「移動電話是以個人為發展單元的，而固定電話是以家庭為發展單元的，因此，移動電話的發展一定會在不遠的將來超過固定電話，你們從事的是最有希望的事業。」雖然硬件條件很差，創業初期很苦，但移動局的年輕人卻對工作充滿了激情和熱情，吳基傳部長的一番話也讓他們鼓足了幹勁。

那時候，郵電部對移動局的支持盡心竭力，可以說是要人給人，要錢給錢，要政策給政策。

在郵電部黨組的支持下，為了加強移動通信的專業化經營與管理，各省（區、市）郵電管理局紛紛成立了省（區、市）移動局，移動通信業務逐步形成了自上而下的垂直管理模式。

那段時間，從郵電部到各省（區、市）移動局，辦公室裏經常是燈火通明，大家加班到很晚，誰都不願意提早回家，恨不能通過自己的努力，立即看到移動通信在中國的蓬勃發展。

由此，依照「沿海、沿江、沿高速」的戰略，一場轟轟烈烈的大規模移動通信網絡建設在全國掀起，網絡全覆蓋的發展思路也越來越清晰。

3.2　選 GSM 還是 CDMA？

20 世紀 90 年代初期，中國各地發展移動通信的熱情日益高漲，1G 建設逐漸在全國鋪開，但一些模擬技術無法踰越的局限性也日漸暴露 —— 容量小，難以提供非話業務；語音質量不高，保密性差；難以和 ISDN（Integrated Service Digital Network，綜合業務數字網）互聯。而且設備不能實現小型化，制式不統一，加之模擬移動通信對頻率的利用率低，建設成本高，不利於移動通信的大規模普及。

而在 1994 年，2G 已經在發達國家成功商用，可有效解決模擬技術面臨的尷尬問題。

只有採用新的技術，滿足市場的需求，服務飛速發展的中國經濟，才能實現讓中國廣大的普通老百姓用得起手機、打得起電話的目標。在此背景下，如果中國繼續大規模發展模擬移動通信系統，一來技術落後，二來成本過高，顯然不是明智之舉。

因此，郵電部黨組毅然決定在模擬移動電話用戶基數不大的時候實施網絡的升級換代，而這一對技術方向的準確判斷，使中國成為全球模擬移動通信升級數字移動通信成本最低的國家之一，為中國 2G 網絡的蓬勃發展奠定了堅實基礎。

　　在全國範圍內建設 2G 網絡，第一步，也是非常關鍵的一步，就是對移動通信設備的技術標準做出選擇。

　　當時，國外第二代數字移動通信技術已經逐漸成熟，最主要的技術標準就是歐洲的 GSM（Global System for Mobile Communications，全球移動通信系統）和美國的 CDMA（Code Division Multiple Access，碼分多址）。此外，還有美國的 DAMPS（Digital AMPS，數字 AMPS）、日本的 PDC（Personal Digital Cellular Telecommunication System，個人數字蜂窩通信系統）等技術標準。

　　然而，中國在選擇 GSM 還是選擇 CDMA 上，着實費了一番周折。

各有千秋，難分伯仲

　　GSM 起源於歐洲，早在 20 世紀 70 年代初，歐洲的一些發達國家就開始着手考慮數字移動通信系統的開發了。

　　1982 年，歐洲郵電管理委員會在歐洲電信標準組織下成立了一個「移動特別小組」，負責開發數字移動通信技術。1987 年，歐洲的移動通信技術精英在挪威奧斯陸召開會議，就泛歐數字蜂窩系統的 GSM 規範達成一致意見。會議一結束，郵電部電信傳輸研究所移動通信組就拿到了相關材料，此

後，中國對數字移動的研究被列入議事日程。

1991 年，GSM 900 MHz 數字蜂窩移動通信系統在歐洲問世，從此全球移動通信迎來 2G 時代。隨着設備的開發和數字蜂窩通信網絡的建設，GSM 逐漸成為歐洲數字蜂窩移動通信系統的代名詞。

GSM 有一個突出的優勢：具有嚴密的、開放的、統一標準的接口技術規範，各種接口協議明確。同時，GSM 的規範原則與 ISDN 的規範原則一致，保證了與 ISDN 系統的互聯。

與模擬移動通信系統相比，數字移動通信系統容量大，頻譜利用率高，通信質量好，而且業務種類多，保密性高，終端小巧輕便，成本也更低。

美國在數字蜂窩移動通信研究方面的起步比歐洲晚。除制定了與歐洲類似的基於 TDMA（Time Division Multiple Access，時分多址）的 IS-54、IS-136 數字移動通信技術標準，1989 年，美國獨闢蹊徑，由高通公司提出了採用 CDMA 的技術方案，讓全球移動通信同行眼前一亮。

CDMA 是在數字通信技術的分支 —— 擴頻通信技術的基礎上發展起來的。擴頻通信技術起源於第二次世界大戰時期，當時採用這項技術的初衷是為了防止敵方的信號干擾，實現在戰場等強電子干擾環境中的清晰通話。採用 CDMA 可

以提高頻譜的利用率，並且具有軟容量、軟切換、系統容量
大、可運用分集接收等先進技術的特點，由此 CDMA 系統在
移動通信領域備受青睞。

從技術角度而言，GSM 與 CDMA 各有優劣，難分伯仲。
GSM 起步早，應用廣泛，積累了豐富的運營經驗，相對比較
成熟。同時歐洲專家們充分考慮了歐洲經濟一體化的發展趨
勢，兼顧了歐洲各國的特定需求，使 GSM 具備了從歐洲標準
變為世界標準的優勢。CDMA 在頻譜資源的利用方面有獨到
之處，保密性能出眾，單純從技術的角度考慮，CDMA 優勢
明顯。但是當時美國還沒有考慮全球漫遊的問題，只規劃了在
美國本土的漫遊。而且，CDMA 當時的應用很少，運營系統
也不夠完善。

經過市場檢驗更重要

在社會各界對數字移動通信的需求越來越迫切的情況下，
留給中國通信發展決策者們的時間不多了，必須儘早決斷。

為此，郵電部電信總局成立了專題項目組。項目組專家
們全方位考慮了技術的先進性、系統的穩定性、投入產出的
經濟性、功能的拓展性等諸多方面因素，反覆比較 GSM 與
CDMA 的優劣。

　　在到歐洲的實地考察中，中國專家現場感受到了 GSM 的漫遊優勢以及歷經 10 年建設後的完善和成熟。而在深入美國、韓國，與高通、現代、SKT 等公司交流之後，中國專家十分認可 CDMA 在技術上的先進性和在未來的成長性，但對 CDMA 設備的兼容性、穩定性充滿疑慮，畢竟 CDMA 當時僅僅是美國的標準。更令專家們擔心的是，CDMA 具有美國軍方背景，他們很可能對中國引進 CDMA 技術設置障礙，影響中國的移動通信發展進程。此外，與 GSM 設備廠家分佈於多個國家不同，當時能生產 CDMA 設備的只有美國，一旦我們選擇 CDMA，很可能陷入受制於人的局面。

　　調研結果很快被遞交給郵電部，專家們建議：將 GSM 作為中國第二代移動通信的首選技術。

　　出乎專家們預料的是，郵電部內部，國家科學技術委員會（簡稱國家科委）和國家計委等各方面，在選擇 GSM 還是 CDMA 的問題上還存在較大分歧。看似簡單的一個制式選擇，背後還涉及很多問題。

　　時間不等人！郵電部決定先建一個試驗網看看。

　　不能選大城市，萬一失敗，損失太大；也不能遠離大城市，因為人口密集區對移動通信的需求最迫切，最好是經濟發達、交通便利的中小城市。

消息傳到浙江嘉興郵電局，他們身處經濟前沿，看準了未來的發展方向，主動請纓，將郵電部的 GSM「領示系統」請到了嘉興。該系統選用阿爾卡特設備，由廠家負責安裝，由郵電部專家和郵電部第一研究所負責測試試驗。

萬事開頭難。嘉興 GSM 網絡的前期建設並不順利，因為我們對數字移動通信系統的技術並未全面掌握，只是按照模擬移動通信系統的經驗設計了覆蓋區，裝機試驗後發現通話效果竟還不如模擬移動通信系統。問題究竟出在哪兒？GSM 系統到底行不行？經過專家們不斷試驗，問題被逐一解決，數字移動通信的優勢不斷體現，得到技術專家及體驗客戶的一致好評。

1993 年 9 月，嘉興 GSM 數字移動通信網絡正式向公眾開放使用。那年，在嘉興做服裝生意的劉叔拋棄了自己原來用的那部笨重的「大哥大」，正式用上了方便小巧的數字手機。當地人親切地稱這種手機為「二哥二」。「雖然模擬機信號不錯，但是個頭實在太大，資費又太貴。」他回憶道，「我的第一個 GSM 手機的型號是愛立信 GH337，方方正正的，當時很多外地的客戶還拎着一個專用的小皮包來裝手機呢，而我已經可以隨意地從褲袋裏掏出手機了，別人都很羨慕我。」

嘉興「領示系統」的成功試驗讓大家心裏有了底。1994

年 5 月，面對移動通信市場的飛速發展，郵電部召開專門會議，研究上馬 2G 的問題。

在科技產業領域，當技術發展到一定階段，對於產業的興衰而言，技術方向、道路選擇往往比開荒拓土更加重要。「當技術與市場發生矛盾時，我們要服從市場。CDMA 有它的優勢，但相比而言，GSM 經過了市場的檢驗，我們現在更需要行動！」郵電部部長吳基傳一錘定音。此外，他還大膽決策，主張拋棄模擬移動通信網絡使用的「端局號」，讓數字移動通信網絡採用獨立的「網號」，由此在網絡結構上為中國移動通信的快速發展奠定了基礎。

又是在廣東。1994 年 10 月，中國第一個省級數字移動通信網絡在廣東省開通。中國波瀾壯闊的 2G 時代正式啟航！

隨即，GSM 網絡開始在全國範圍內大規模鋪開，從南到北，由東向西，一張「神經網絡」向各地延伸。

對第二代移動通信技術的準確判斷，為中國移動通信行業日後的輝煌成就奠定了堅實的基礎。截至 1995 年底，引進 GSM 技術僅僅一年時間，中國的移動電話用戶數就實現了翻番，於 1997 年 10 月達到 1200 萬戶，位居全球第三。

從 1987 年到 1997 年，僅用 10 年時間，中國移動電話用戶數就突破了 1000 萬戶，標誌着中國移動通信行業進入規模

1994 年 10 月 25 日，在中國國際通信設備技術展覽會上，郵電部部長吳
基傳打通 GSM 電話
張松延／攝

發展階段，成為全球移動通信普及和發展的樣板。

　　隨着 GSM 網絡在全國範圍內的大規模建設，中國移動通信發展進入大步跨越階段，1998 年底用戶數達 2400 餘萬戶，原有的 10 位號碼資源日益緊張。

　　1999 年 7 月 22 日零時，李默芳作為技術總負責人，帶領王曉雲等技術骨幹成功完成了中國移動電話號碼 10 位升 11 位的重大工程。這是中國第一次全國範圍的號碼統一升位，同時也是當時全球前所未有的最大規模的號碼升位，中國也成為

ITU（International Telecommunication Union，國際電信聯盟）
成立以來第一個擁有 11 位移動電話號碼的國家。非常難能可
貴的是，中國移動通信號碼資源增加了 10 倍，而且避免了全
國號碼資源的大規模調整，數千萬用戶的正常業務沒有受到絲
毫影響。

小知識

國際電信聯盟

國際電信聯盟成立於 1865 年 5 月 17 日，1947 年成為
聯合國的專門機構，是聯合國機構中歷史最長的一個國際
組織，簡稱「國際電聯」「電聯」或「ITU」。

ITU 主管 ICT（Information and Communication
Technology，信息通信技術）事務，負責分配和管理全球無
線電頻譜和衛星軌道資源，制定全球電信標準，向發展中
國家提供電信援助，促進全球電信發展。

ITU 總部設於瑞士日內瓦，目前成員包括 193 個成員
國以及 800 多家私營部門和學術機構。該機構的成員隊伍
體現了全球 ICT 行業的構成狀況，其中既有世界上最大的
供應商、製造商和電信運營商，也有採用新型與新興技術

的小型創新成員／中小型企業以及主要的研發機構和學術機構。

ITU 將每年的 5 月 17 日定為世界電信和信息社會日。屆時，全球信息通信業都會舉辦各種活動進行慶祝。

2014 年 10 月 23 日，趙厚麟當選 ITU 祕書長，成為 ITU150 年歷史上首位中國籍祕書長。2018 年 11 月 1 日，趙厚麟又成功連任 ITU 祕書長。新一任祕書長任期於 2019 年 1 月 1 日正式開始，為期 4 年。

3.3　改革！分家！打破壟斷！

移動通信的快速發展改變了信息的傳遞方式，更改變了人們的思維方式。正是在 2G 時代，中國的通信行業啟動了一系列開創性的改革舉措。

聯通成立，政企分開，信息產業部成立，郵電分家，拆分電信，第二次電信重組，工業和信息化部成立，第三次電信重組……波瀾壯闊的破冰之舉開創了嶄新的競爭格局，激活了整個移動通信市場。從 1999 年到 2006 年，中國移動通信行業的發展突飛猛進，年增長率低則百分之幾十，高則百分之百，令全球同行驚歎。

打破壟斷，成立聯通

順應改革開放大勢，中國通信行業持續高速增長，短時間內就從制約國民經濟發展的瓶頸成長為帶動國民經濟增長的支柱。通信行業成為全國發展最快、綜合效益最好的行業之一，走出了一條「在發展中改革，在改革中發展」的道路。

與世界上大多數國家一樣，在建設國家基礎通信網絡初期，中國也實行了政企合一體制，由政府集中力量建設全國統一的通信網絡，並取得了斐然成績。但是，隨着 ICT 的飛速發展，原來的壟斷體制已經不能適應中國通信行業進一步發展的要求，必須改革，引入競爭。

1992 年底，機械電子工業部（簡稱機電部）、能源部和鐵道部聯合向國務院提出了組建聯合通信公司的請示報告，希望拿到中國第二個基礎電信業務特許經營權。

1993 年 4 月，當時分管郵電的國務院副總理鄒家華找到郵電部部長吳基傳和電子工業部（原機電部，簡稱電子部）部長胡啟立，交辦關於成立聯合通信公司之事，要求郵電部予以支持。

1993 年 9 月 19 日，國務院副總理朱鎔基聽取了電子部關於組建聯合通信公司的彙報，建議相關部門在協商的基礎上，「成立股份集團，促成此事」。

1993 年 12 月 14 日，國務院印發《國務院關於同意組建中國聯合通信有限公司的批覆》，同意電子部、電力工業部（原能源部）、鐵道部共同組建中國聯合通信有限公司（簡稱中國聯通）。中國聯通按有限責任公司形式組建，接受郵電部的行業管理。

1994 年 4 月 14 日，郵電部做出批覆，明確中國聯通可經營長話業務、市話業務、無線通信業務和增值電信業務。同年 6 月 18 日，中國聯通在國家工商行政管理局註冊成立，註冊資本 10 億元人民幣。

1994 年 7 月 19 日，中國聯通成立大會在北京釣魚台國賓館召開，鄒家華出席大會並作重要講話，電子部部長胡啟立代表電子部、電力部、鐵道部到會致賀，郵電部部長吳基傳到會致賀。

這是在中國通信行業乃至國內壟斷行業中打破壟斷、引入競爭的首例。

作為電信體制改革的嘗試，中國在基礎電信領域第一次引入了競爭機制。這為電信市場增添了新的活力，讓老百姓有了新的選擇，同時也在客觀上促進了電信市場經營觀念的轉變，加快了郵電部門的市場化進程。

中國聯通剛成立時被寄予厚望。但是，由於各種因素的

《人民郵電》報刊
載的中國聯通成立
的新聞

制約，特別是建設資金的嚴重缺乏、融資方式的不規範以及管
理人員和技術骨幹的匱乏，中國聯通並沒有如人所願地快速發
展起來，沒有成長為國務院領導所期望的「旗鼓相當、各具
特色」的市場競爭主體之一。經過四年的發展，截至 1998 年
底，中國聯通淨資產只有 23 億元，資產負債率卻高達 87%；
苦心經營的移動電話業務僅佔移動通信市場份額的 7%，而數
據、長話等業務基本沒有開展起來。

　　為深化電信體制改革，中國採取一系列措施，不斷加大
對中國聯通發展的扶持力度。在國家一系列人力、財力的相
關政策扶持下，曾經嚴重「貧血」的中國聯通「元氣」大增。

此後，通過果斷清理「中中外」項目和適時重組上市，中國聯通從一個資產結構和管理比較鬆散的公司，迅速整合為一個按照現代企業制度和國際規範治理的大型通信企業，逐漸發展壯大。中國聯通的高速發展和參與競爭，有力地促進了通信行業服務質量和經營水平的提升，並帶動了民族通信設備製造業的興盛。引入競爭，還使得電信資費不斷降低，電信服務水平明顯好轉，給老百姓帶來了實實在在的實惠。

信息產業部成立

為適應市場經濟深入發展和引入競爭的新形勢，郵電部加快了政企職責分開的步伐。

1995 年 4 月，郵電部電信總局以「中國郵電電信總局」（簡稱中國電信）的名義在國家工商行政管理局進行企業法人登記。

1996 年，郵政總局和電信總局同時搬出郵電部機關大院，邁開了獨立運行的步伐。中國郵電電信總局開始作為一個單獨核算的企業在市場上運行，郵電部政企職責進一步分開。

1998 年 3 月 6 日上午，在第九屆全國人民代表大會第一次會議上，國務院的改革方案決定，在郵電部、電子部的基礎上組建信息產業部，作為主管全國電子信息設備製造業、通信業和軟件業，推進國民經濟和社會生活信息化的國務院組成部

門。3 月 18 日，根據新任國務院總理朱鎔基的提名，第九屆
全國人民代表大會第一次會議表決通過原郵電部部長吳基傳為
信息產業部部長。3 月 31 日下午 3 點半，中華人民共和國信
息產業部正式揭牌。

1998 年規模空前的國務院機構改革，將原有的九個專業
經濟部委都撤銷了，卻把郵電部、電子部重組成推動信息產業
發展和信息化建設的國務院組成部門，表明了國家對面向 21
世紀發展信息產業的高度重視。國務院要求信息產業部按照
「政企分開、轉變職能、破除壟斷、保護競爭與權責一致的原
則」，大力推進體制改革。

拆分中國電信，中國移動誕生

信息產業部成立後，如何進一步實現政企分開是部黨組
面臨的一個最緊迫的課題。

1998 年 4 月 28 日，國家郵政局掛牌成立，統一經營管
理全國的郵政業務。1999 年 1 月 1 日，全國所有省（區、市）
的郵政業務和電信業務完成分營。

與此同時，中國郵電電信總局的改革重組被提上日程。
到 1998 年底，中國郵電電信總局擁有世界第二大通信網絡，
固定資產超過 6000 億元，年業務收入超過 2000 億元。

「將中國郵電電信總局的無線尋呼和衛星通信業務剝離出去，分別組建中國尋呼通信集團公司和中國衛星通信集團公司，其餘部分改組為中國電信集團公司。」這是信息產業部提交給國務院的方案。

「移動通信也要剝離出去，組建移動通信公司，與中國聯通形成競爭。」時任國務院總理的朱鎔基肯定了重組方案在政企分開、鼓勵競爭等方面的進步，並要求力度再大一些。

1999 年 2 月 14 日，中國郵電電信總局重組方案敲定：將原中國電信的移動通信、無線尋呼和衛星通信網絡與業務分離出去，分別組建中國移動通信集團公司（簡稱中國移動）、中國尋呼通信集團公司（後改名國信尋呼有限責任公司，並於 1999 年 5 月併入中國聯通）和中國衛星通信集團公司（後於 2009 年併入中國航天科技集團有限公司）。

1999 年 6 月 2 日，信息產業部批覆成立中國移動通信集團公司籌備組及臨時黨組，開始籌建中國移動通信集團公司；7 月底，全國移動通信資產和人員的整體剝離工作基本完成，中國移動通信集團公司開始獨立運作。

1999 年 12 月和 2000 年 1 月、6 月，國務院分別批覆了中國移動通信集團公司、中國電信集團公司和中國衛星通信集團公司的組建方案。

2000 年 4 月 20 日，中國電信集團
公司、中國移動通信集團公司正式
成立，這是次日《人民郵電》報的
頭版報道

　　經過緊鑼密鼓的籌
備，2000 年 5 月 16 日，
中國移動通信集團公司掛
牌，由原中國郵電電信總
局局長張立貴擔任總經
理；5 月 17 日，中國電信
集團公司掛牌，由信息產
業部原副部長周德強擔任
總經理；2001 年 12 月 19
日，中國衛星通信集團公
司正式掛牌，由原中國通
信廣播衛星公司總經理周
澤和擔任總經理。

　　由此，中國電信體制改革實現了重大突破，為通信行業
的跨越式發展奠定了堅實的體制、機制基礎。

「七雄」逐鹿

　　中國電信體制改革繼續向深水區挺進。

　　1999 年 4 月 9 日，中國科學院、國家廣播電影電視總局
廣播影視信息網絡中心、鐵道部中鐵通信中心、上海聯合投資

有限公司聯合成立了中國網絡通信有限公司（簡稱小網通），主要從事高速互聯網絡示範工程的建設和運營工作。8 月 6 日，中國網絡通信有限公司獲得國家工商行政管理局頒發的營業執照，開始正式運營。10 月 22 日，網通 BVI 在香港設立網通紅籌公司。上述四家股東以其各自在網通運營公司的股權作為出資，成立了中國網絡通信（控股）有限公司，該公司將其持有的網通運營公司的全部股權通過網通 BVI 轉讓至網通紅籌公司。

2001 年 3 月 1 日，脫胎於鐵道部的鐵道通信信息有限公司掛牌，其主要職能是為鐵路系統提供通信服務，除此之外，還可以利用富餘能力向社會提供延伸服務。2004 年 1 月 20 日，經國務院批准，鐵道通信信息有限公司由鐵道部移交國有資產管理委員會管理，並更名為中國鐵通集團有限公司（簡稱中國鐵通，2008 年併入中國移動），開始躋身國內六大基礎電信企業的行列。

1999 年 4 月，信息產業部宣佈批准中國電信、中國聯通、中國吉通網絡通訊有限公司（簡稱吉通）三家公司進行 IP 電話業務試驗。2000 年 3 月 24 日，信息產業部為包括吉通公司在內的四家通信企業頒發了 IP 電話業務經營許可證，這意味着吉通公司進入基礎電信業務經營者的行列。

　　到 2001 年底，中國經營全國性基礎電信業務的企業已有
中國電信、中國移動、中國聯通、中國衛通、小網通、中國鐵
通、吉通七家，經營電信增值業務的企業超過 4000 家。

　　通過這輪電信體制改革，中國的電信市場初步形成了不
同規模、不同業務、不同所有制的企業相互競爭、共同發展的
多元化格局。

第二次電信重組，形成「4+2」格局

　　為了在固網領域進一步形成有效的市場競爭格局，第二
次電信重組很快到來。

　　2001 年 11 月，國務院下發《國務院關於印發電信體制改
革方案的通知》，決定將原中國電信所屬南方和西部 21 個省
（區、市）的固網資產留在中國電信，形成新的中國電信集團
公司；將原中國電信所屬北方 10 個省（區、市）的固網資產
與網通、吉通公司合併，重組為中國網絡通信集團公司（簡稱
中國網通）。2002 年 5 月 16 日，新的中國電信集團公司和新
的中國網絡通信集團公司在北京舉行成立大會，吳基傳部長
代表信息產業部出席大會表示祝賀，新中國電信總經理周德
強、新中國網通總經理奚國華出席成立大會並講話。

　　至此，第二輪電信重組宣告完成，中國電信市場形成了
兩大固網運營商 —— 中國電信和中國網通，兩大移動運營

中國電信、
中國網通成立
張松延／攝

商——中國移動和中國聯通，再加上中國衞通和中國鐵通，
「4+2」競爭格局逐漸明朗。

　　相比國外同行，中國通信行業這些年的改革力度可謂
空前。

工業和信息化部成立

　　時間進入 2008 年，新一輪「大部制」改革拉開帷幕。

　　2008 年 3 月 11 日，國務院正式公佈機構改革方案。中央
將國家發展和改革委員會（簡稱國家發展改革委）的工業管理
有關職責、國防科學技術工業委員會（簡稱國防科工委）除核
電管理以外的職責，以及信息產業部和國務院信息化工作辦公
室（簡稱國務院信息辦）的職責加以整合，一併劃入工業和信
息化部（簡稱工信部）。另外組建國家國防科技工業局（簡稱

國防科工局），由工信部管理。此外，國家煙草專賣局改由工信部管理，不再保留國防科工委、信息產業部和國務院信息辦。

其時，中國正處於工業化加速發展的重要階段。走新型工業化道路，推進信息化和工業化融合，推進高新技術與傳統工業改造結合，促進工業由大變強，是那個時期的重要任務。組建工信部的目的就是要加快走新型工業化道路的步伐。

此前，中國工業行業管理由國家發展改革委、國防科工委、信息產業部分別負責，管理分散，不利於工業的協調發

2008 年 6 月 29 日，工業和信息化部揭牌
張松延／攝

展。為加強整體規劃和統籌協調，有必要對相關職責進行整合，組建工信部。

2008 年 6 月 29 日上午 9 時 45 分，兩名武警戰士取下北京西長安街 13 號院牆外懸掛的「中華人民共和國信息產業部」木牌，6 名武警戰士隨即將蒙有紅綢的木牌掛在同一位置上。10 時，伴隨北京電報大樓洪亮的「東方紅」鐘聲，一名武警戰士將蒙在木牌上的紅綢揭下，中華人民共和國工業和信息化部正式揭牌。

第三次電信重組，「六合三」備戰 **3G**

工信部成立後不久，第三次電信重組啟動了。

2008 年 5 月 24 日，工信部、國家發展改革委和財政部聯合發佈《關於深化電信體制改革的通告》，該通告指出，基於通信行業現狀，為實現改革目標，鼓勵中國電信收購中國聯通 CDMA 網絡（包括資產和用戶），中國聯通與中國網通合併，中國衛通的基礎電信業務併入中國電信，中國鐵通併入中國移動。

這次重組完成後，中國形成了三家勢均力敵的全業務運營商，「六合三」格局由此確立，電信市場競爭進入了新的更高的層次。

回顧歷史，中國通信行業從完全壟斷到引入競爭，從政企合一到政企分開，從兩個競爭主體到多個競爭主體，走過了一條「在發展中改革，在改革中發展」的道路。1994 年，以中國聯通的成立為標誌，通信行業打破壟斷，引入競爭。1998 年後，進一步加大改革力度，實現了政企分開、郵電分設，重組了中國電信和中國聯通，正式成立了中國移動。2001 年，以打破固定電信領域的壟斷為重點，決定實施企業、資源、業務和市場重組。2002 年，成立了新的中國電信和新的中國網通，形成了中國電信、中國網通、中國移動、中國聯通、中國衛通、中國鐵通六家基礎電信企業競爭的格局。

2001 年到 2007 年，全國電信業務收入從 3719 億元增至 7280 億元，用戶數從 3.26 億戶增至 9.13 億戶（其中移動電話用戶數為 5.47 億戶），年均增長約 1 億戶。固定、移動電話用戶總數雙雙躍居世界第一，市場競爭更加充分，資費大幅降低，服務水平顯著提高，改革發展進入新階段。

但是，隨着全球範圍內移動通信的迅速發展，電信市場競爭日益加劇，通信行業發展面臨着新的機遇和挑戰。中國通信行業在競爭架構、資源配置和發展趨勢等方面出現了一些新情況、新問題，特別是移動業務用戶數快速增長，固話業務用

戶數增長緩慢、經濟效益低的問題日益突出，企業發展的差距逐步擴大，競爭架構嚴重失衡。

為了形成相對均衡的電信市場競爭格局，增強自主創新能力，提升通信企業的競爭能力，國家決定充分利用現有三張覆蓋全國的 2G 網絡和固網資產，深化電信體制改革，並將改革與第三代移動通信（3G）牌照的發放緊密結合。

國家對移動通信行業的頂層設計，目標十分明確：發放三張 3G 牌照，支持形成三家擁有全國性網絡資源、實力與規模相對接近、具有全業務經營能力和較強競爭力的市場競爭主體，電信資源配置進一步優化，競爭架構得到完善；自主創新成果規模應用，後續技術不斷發展，自主創新能力顯著提升；通信行業服務能力和水平進一步提高，監管體系繼續強化，廣大人民群眾充分享受通信行業改革發展的成果。

大競爭促大發展

在 2G 時代，中國移動通信行業市場主體展開了激烈的市場競爭。各通信企業比建設速度、比規模擴張、比價格優勢、比服務質量，大力促進了業務的快速發展，移動通信資費也一路走低。2000 年，「移動夢網」等商業模式的創新探索，為短信這一看似簡單的移動通信業務注入了強大生命力，不僅

催生了現象級的「拇指一族」，而且拯救了在 21 世紀初互聯網泡沫中痛苦掙扎的中國互聯網企業，幫助新浪、搜狐、網易等中國第一代互聯網創業企業走出了寒冬。

同時，中國電信運營商的品牌意識、市場能力快速提升，其中以中國移動的「全球通」「神州行」「動感地帶」較具代表性。這三大品牌分別瞄準成功人士、普通大眾和年輕一族。不同的品牌，不同的價格，不同的業務，不一樣的感受，成為一代人的記憶。以此為發端，此後的 3G、4G 時代，中國聯通的「沃」、中國移動的「和」、中國電信的「天翼」三大品牌展開了更為精彩的「商戰」。

經過脫胎換骨的轉制和市場競爭的歷練，中國通信企業開始在世界電信舞台嶄露頭角，規模實力和競爭實力大增。中國移動、中國電信先後被列入《財富》世界 500 強，中國移動、中國電信、中國聯通進入《福布斯》世界 500 強榜單。其中，2006 年 8 月 10 日，中國移動總市值達到1325.8 億美元，超過沃達豐，成為全球通信行業上市公司的市值冠軍。

中國的通信企業以驕人的成績，開始邁入世界通信企業前列。

3.4 「巨大中華」嶄露頭角

在 2G 時代，中國的移動通信跨入高速發展階段，但當時的移動通信設備的市場份額幾乎都掌握在少數外資企業手中。我們的移動通信技術還落後於發達國家幾十年，如何能儘快趕上？大膽地走引進、消化、吸收、創新相結合之路，在引進設備時同步引進生產技術，這才使中國的移動通信技術跨越了國外的傳統發展階段，最終實現了與世界先進技術的同步。

「三步走」戰略

在認真剖析自身技術水平與發展趨勢的基礎上，中國制定了移動通信發展的「三步走」戰略。

第一步，在沒有自己的數字蜂窩移動通信設備以前，先買別人的設備，建設自己的移動通信網絡，但不能永遠停留在這個層次。

第二步，組織生產自己的移動通信設備，與國外企業展開競爭，以振興民族製造業。

第三步，加強科研和自主開發。

經歷了「以市場換技術」的準備階段之後，中國的民族通信設備製造業開始崛起。以中興、華為為代表的中國企業逐漸從技術跟隨者變為國際競爭者。

起步於程控交換的「巨大中華」

中國的通信設備製造商起步於程控交換。

20 世紀 90 年代，以巨龍、大唐、中興、華為為代表的一批製造企業敏銳地抓住難得的歷史機遇，在程控交換機的國產化過程中實現了群體突破，極大地改變了中國通信設備市場的競爭格局，形成了中國通信設備製造業的「基本班底」。

1985 年，中興的前身 —— 深圳市中興半導體有限公司成立。1986 年，深圳研究所成立，中興開始自主研發。中興從自主開發小型用戶交換機起步，很快就成長為國產程控交換機的主流廠商。

1987 年成立於深圳的華為，早期靠代理港產小型用戶交換機起步，他們敏銳地意識到了中國通信建設對大型程控交換機的需求，把握了這一機遇，很快就從交換機領域的「後起之秀」發展為國內固網領域的主導廠商，積累了大量研發資金與技術實力。

其間，郵電部對通信設備的國產化給予了大力支持。一位當年的親歷者還記得，華為看準了人才在科技企業發展中的關鍵作用，以優厚的條件從郵電部第十研究所這個程控交換領域的技術高地「挖」了幾十名技術專家，給郵電部系統帶來了很大震動。當時有人問時任郵電部部長的吳基傳是不是要採取

反制措施，吳基傳則說：「不要這樣做，不管人在哪裏，只要是研發中國的產品就可以！」

　　為給國內通信設備製造商提供不斷改進、完善的機會，郵電部開放了農村及中小城市的程控交換網絡，華為等企業的程控交換機「農村包圍城市」的發展之路也由此而來。在國產程控交換機不斷成熟之後，郵電部又適時開放本地網和高層網，並在 1996 年、1997 年連續兩年舉辦「國內自主研製開發的程控交換機用戶協調會」，分別簽訂意向框架協議 500 萬線和 1600 萬線，為國內通信設備製造商提供了廣闊的發展空間。隨着國內通信設備製造商的崛起，中國購買程控交換機的價格也由 1 線約 200 美元大幅下降到十幾元人民幣。

　　基於在程控交換領域積累的資金和技術實力，國內通信設備製造商開始向移動通信等新的領域發展。1994 年，中興成立了上海第一研究所，以無線和接入為主要研究方向；1998 年，又成立了上海第二研究所，從事 GSM 移動通信系統、終端設備研製。1997 年，華為推出了中國第一套 GSM 系統，這是其成立近 10 年來的一次巨大創新和技術飛躍。

　　1998 年，華為和中興的 GSM 系統先後通過國家鑒定，獲得現網試驗的機會。一年後，中興與南斯拉夫 BK 集團簽訂了總額為 2.25 億美元的 GSM 移動通信設備供貨合同，實現

了中國歷史上第一次擁有自主知識產權的 GSM 移動通信設備出口。

當時，愛立信、諾基亞、摩托羅拉、北電網絡等歐美廠商基本壟斷了中國的移動通信設備市場。雖然在國內市場的份額還不足 5％，但是華為、中興經過多年的市場培育，開始逐漸打開了局面。

從 2005 年開始，中國移動在 GSM 系統採購上採取了重大革新措施：一是加大集團集中採購的力度，二是引進華為、中興等國內的製造商參與市場競爭。自此，華為從邊緣供應商快速成長為核心供應商，華為的設備佔中國移動 GSM 系統採購的份額逐年上升。2006 年，該份額升至 21％，在全球 GSM 供應商中排名第三。2007 年，華為坐上了全球 GSM 供應商的頭把交椅。

依託逐漸形成的系統設備技術優勢，中興、華為等民族企業適時進入了手機終端市場。

早在 1998 年中興就開始進行手機產品的研製。1999 年，中興自主研製出 ZTE189 全中文 GSM 雙頻手機，同年，發佈自主開發的 CDMA 機卡分離手機 ZTE802，成為全球率先採用這一技術的廠商。中興手機的研發立足於核心技術，擁有核心軟件、硬件電路、整機設計集成等自主技術。同時，一大批家

電廠商開始進入手機市場，波導、夏新、海爾等企業的手機在國內市場上迅速佔有了一定的份額。

2G 時代，龐大市場的帶動、宏觀政策的引導、國家的支持對中國移動通信行業的發展起到了重要的推動作用。當時，中國電信運營商形成共識：要站在國家高度支持製造業的發展，在市場規範下支持自主通信設備的發展。

「巨大中華」等在程控交換機市場上成長起來的中國企業，通過一段時期的技術和市場經驗積累，開始在國內外嶄露頭角，從移動通信核心網絡設備到無線基站，初步具備了參與國際移動通信設備市場競爭的能力。

如果說中國企業在大型程控交換機領域所取得的歷史性突破為中國通信設備製造業的騰飛打下了堅實的基礎，那麼，此後在移動通信領域所取得的成就則真正讓中國通信設備製造業跨入了世界領先的行列。

3.5 紅籌第一股，央企改革樣板

國企海外上市，在今天看來已不足為奇，但是在 20 世紀 90 年代中期，卻是名副其實的新生事物。特別是對於國營的通信企業而言，由於其涉及國家政治、經濟命脈，想要實現海

外上市，絕對具有挑戰性。

　　面對世界通信行業風起雲湧的兼併重組、激烈競爭，面對國內通信行業渴望迅速壯大、與國際接軌的現實，移動通信行業主管部門在國務院主要領導的大力支持下，高瞻遠矚、果斷行動，率先拉開了大型國企海外上市的大幕。

收購香港電訊，促進香港穩定

　　1984 年 12 月 19 日，中英簽署聯合聲明，香港將於 1997 年回歸。

　　為維護香港電信市場穩定，幫助香港實現通信主權順利回歸，郵電部受命收購香港電訊部分股權。由駐港的天波通信（集團）有限公司（簡稱天波公司）開始，與香港電訊的股東英國大東電報局（簡稱大東）進行多輪談判與洽商。

　　天波公司是郵電部於 1993 年在香港成立的「窗口公司」，主要負責為中國郵電行業籌集資金，引進技術，開展通信貿易。天波公司剛成立時，目標還僅局限於通信設備貿易和建設融資，但隨着「九七回歸」的臨近，國際電信大鱷相繼盯上了香港電信市場，希望儘早佔得市場先機，天波公司的目標開始有了變化。

　　香港電訊在香港電信市場實力最強，由大東控股，類似

當時內地的中國電信。可以說，誰控制了香港電訊，誰就控制了香港的通信命脈。

20 世紀 90 年代，英國電信為實現市場擴張，開始着手收購大東。與此同時，美國的電信公司也頻頻向大東拋出「橄欖枝」，同樣想在香港電信市場的角逐中佔得先機。

面對複雜的國際政治與經濟形勢，中國政府決定收購香港電訊的部分股權，維護香港電信市場的穩定。

郵電部經過縝密分析，決定從三個渠道收購香港電訊的部分股權：一是從榮智健執掌的中信泰富收購 8% 的股權，二是從二級市場購買大約 2% 的股權，三是直接向大東收購 3% 的股權。最艱難的，就是這 3% 股權的收購。

歷經各種干擾，經過多輪艱苦談判，1997 年 6 月，郵電部與大東達成協議：郵電部收購香港電訊 3% 的股權；當控股比例超過 12% 後，允許郵電部向香港電訊派駐董事一名。雙方還確定了第二階段的合作目標，即大東逐步放棄對香港電訊的控股權，並進一步轉讓股權，最終使雙方的股權持平。與此同時，大東將獲得獨特機會，成為後來成立的中國電信（香港）有限公司的主要投資者，從而進入中國高速增長的電信市場。

雙方對外發佈這一併購新聞後，香港媒體紛紛報道。一

家香港報紙對此次跨境併購的評論是：「巨石激起千重之浪，
伏筆之大，轟動國際。」

逆市上市，創下四個「第一」

收購香港電訊 13% 的股權，粗略計算，需要幾百億元的
資金。錢從哪裏來？

郵電部可以向銀行借貸，但這終究還是要還的，怎麼
辦？為了解決資金難題，郵電部開始啟動中國電信（香港）有
限公司的籌備工作，並積極着手上市。

1997 年 2 月 25 日，中國電信（香港）有限公司在香港註
冊，3 月 21 日正式成立。該公司由天波公司出資 51%，中國
郵電電信總局出資 49%，準備以紅籌股的形式實現海外上市。

為什麼是紅籌股，不是 H 股？郵電部考慮，公司如果以
H 股形式在香港上市，則是內地公司，除了融資方面的作用
外，無法與國際一流公司融為一體，實現經營管理的飛躍。
而以紅籌股的形式上市，就必須在香港註冊成立一個「殼公
司」，反向收購內地母公司資產，實現整體上市。這樣，作
為一個境外註冊的公司，無論是公司治理結構，還是運營管
理，都容易融入全球市場，所瞄準的競爭對手不再僅僅是國內
的公司，還包括國外一流的電信運營公司。

1997 年 8 月，國務院經過慎重研究，同意郵電部剝離廣東、浙江兩省的移動通信業務先行上市的方案。中國電信（香港）有限公司上市日期定在 1997 年 10 月。

兩個月！時間只有兩個月，要完成相當複雜的上市準備工作，又沒有任何資本運作經驗，難度太大了。就連負責中國電信（香港）有限公司上市的承銷商 —— 美國高盛和中金公司的專家都為之捏了一把汗。

箭在弦上，不得不發。郵電部成立了上市工作領導組，部長吳基傳擔任組長，副部長楊賢足和周德強擔任副組長，下設上市聯合工作組，外部包括美國高盛、中金、香港畢馬威等公司的一大批專業人士。從郵電部到廣東、浙江兩省，最多時在相關部門抽調了 3000 人，境內境外聘請的專業會計師、審計師、評估師多達 300 人，大家如陀螺般飛快地運轉起來。

由於沒有任何模式和經驗可循，又處在那樣一個特殊的歷史時期，可以說每一步都很驚險，不容有失，更不容有錯。招股說明書和相關文字材料摞起來有幾尺厚。吳基傳部長逐字逐句地修改了有關條款。

1997 年 10 月，就在上市前夕，金融風暴襲擊香港。香港匯市、股市、期市處處硝煙彌漫。正在這千鈞一髮的時刻，紅籌股巨艦中國電信（香港）10 月 23 日逆市上市，每股發行價

11.68 港元，籌集資金 42 億美元。

　　上午 10 時，吳基傳部長坐鎮深圳，密切關注開盤情況。當時的中國建設銀行行長、中金公司董事長王岐山，中國郵電電信總局局長張立貴，以及中國電信（香港）有限公司的領導們在香港交易所參加上市儀式。

　　在資本大鱷索羅斯的操作下，香港股市一片頹勢。上市當天，香港股市狂瀉 1200 多點，中國電信（香港）有限公司的股價大跌近 20%。那天，史稱「黑色星期四」。在香港外匯市場，特區政府與國際炒家進行了激烈對決，銀行隔夜拆息，由 6% 飆升至 300%。

　　當晚，在香港會展中心，中國電信（香港）有限公司舉行酒會慶祝上市成功。上任不久的香港特別行政區行政長官董建華、新華社香港分社副社長朱育誠、香港特別行政區財政司司長曾蔭權均出席了酒會。張立貴代表郵電部發表了熱情洋溢的講話：「中國電信在香港、紐約兩地成功上市，標誌着中國電信發展進入一個新的階段。郵電部將全力以赴支持上市公司的業務發展，積極推進移動通信在中國內地的普及。」

　　為了給關注首隻紅籌股的投資人打氣，王岐山專程赴香港參加上市慶祝酒會，並發表熱情洋溢的講話：「儘管今天股價跌了，但我們對中國電信的未來有充分的信心，中國電信一

定會成為香港股市表現最好的上市公司。因為中國電信的背後有一個生機勃勃的中國，有一個改革開放逐步走向深入的中國！人是要有一點自信的，人不自信，誰人信之？」

次日，股價反彈，突破發行價。三個月後，中國電信（香港）入選恆生指數成分股，股價牢牢站穩在 12 港元以上。「0941」的代號被香港股民戲稱為「九死一生」。

當年，中國電信（香港）有限公司上市籌得 42 億美元的真金白銀，而 1997 年中國外匯儲備總共只有約 1400 億美元。當時有業內專家總結，中國電信（香港）有限公司的成功上市創下了四個「第一」：中國企業海外融資規模第一；亞洲（除日本外）資本市場融資規模第一；世界移動通信領域融資規模第一；國企招股市盈率第一。

此後，中國電信（香港）有限公司日益顯示出它的優良品性和增長潛力，於 1998 年 6 月 4 日完成了對江蘇移動通信的收購，為中國電信（香港）有限公司注入了至關重要的新鮮血液，由此幫助中國電信（香港）有限公司的股價連續攀升，也大大提振了香港股民的信心。1999 年 11 月 12 日、2000 年 11 月 13 日、2002 年 7 月 1 日，中國電信（香港）有限公司前後又分三次完成了對全國其他省（區、市）移動權益的收購，從而成為中國第一家在內地所有 31 個省（區、市）經營移動

通信業務的海外上市的通信企業。

隨着電信體制改革的推進，中國電信（香港）有限公司於 2000 年 6 月 28 日更名為「中國移動（香港）有限公司」；中國移動（香港）有限公司於 2006 年 5 月 29 日又更名為「中國移動有限公司」。

央企競相「揚帆出海」

中國電信（香港）有限公司的成功上市，為中國央企大踏步進入海外資本市場實現融資和引入先進的國際管理經驗提供了有益的借鑒。隨後，中國石油、中國石化、中國海油相繼完成重組改制，於 2000 年左右登陸國際資本市場。接着，四大國有銀行接連成功「揚帆出海」。

2000 年 6 月 21 日和 22 日，中國聯通緊跟中國電信（香港）有限公司的步伐，分別在紐約證券交易所和香港聯合交易所掛牌上市，首次公開發行股票 31.5 億股，籌資 56.5 億美元。不同於中國電信（香港）有限公司的逆市而上，中國聯通的上市順風順水，佔盡天時地利，上市首日就受到熱烈追捧，升幅達到 11.3%。這次上市成為當時香港有史以來最大的一次股票公開發行，並進入全球股票首次公開發行史上的前十名。

2002 年 11 月和 2004 年 11 月，重組後的中國電信和中國網通以嶄新的形象先後亮相國際資本市場，分別在紐約證券交易所和香港聯合交易所掛牌上市。中國電信股票發行價為 1.48 港元，首次籌集資金約 14 億美元；中國網通股票發行價為 8.48 港元，共計籌資 11.4 億美元。

紅籌巨艦闖香江，開創大型央企海外上市的先河，使開放的中國通信行業直面世界電信市場，與國際一流的同行面對面交流與競爭。時至今日，中國電信、中國移動、中國聯通已經成為世界一流電信運營商，在為中國近 14 億民眾提供多元化先進通信服務的同時，也為世界通信事業的發展做出了突出貢獻。在全球通信界，「中國聲音」越來越響亮。

中國聯通上市
張松延／攝

3.6　提振經濟，普惠大眾

　　從小到大，從弱到強，從城市到鄉村，從國內到國外⋯⋯在第二代移動通信發展時期，中國移動通信行業以前所未有的發展速度創造了世界通信史上的奇跡。值得稱道的是，中國移動通信行業在加速自身發展的同時，也以有形的貢獻和無形的影響，推動着國家經濟的發展、社會的進步和億萬老百姓生活水平的提高，助推着信息社會的建設。

經濟引擎，生活助手

　　信息產業是中國國民經濟的基礎產業、先導產業和支柱產業，是國家綜合國力的重要標誌之一。而移動通信作為信息產業發展最快的行業，在方便快捷、大容量、多方位地傳遞信息的同時，為國家創造了巨額的稅收，創造了大量的就業機會，有力地帶動了國民經濟的增長，促進了人民生活水平的提高。

　　例如，2006 年，中國信息產業共實現增加值 1.52 萬億元，佔 GDP 的 7.5%，其中移動通信收入達到 3064 億元，佔電信總收入的比例達到 47.3%，比上年增長 18.5%，高於電信總收入增長率（11.6%）。僅中國移動一家企業，自 2000 年到

2006 年就累計上繳利稅 1670 億元，直接和間接創造就業崗位超過 230 萬個。可以說，移動通信行業已經成為中國信息產業的發展引擎，成為推動國民經濟增長的重要力量。

自 1987 年正式商用以來，中國移動通信行業一直緊跟國家經濟建設的發展需求，主動服從於經濟社會發展大局。

改革開放初期，移動通信行業準確把握移動通信技術機遇，在珠三角地區和沿海經濟區實現了局部突破，滿足了「三來一補」等外向型企業的迫切通信需求。在中國大步跨入市場經濟新時期後，移動通信行業及時抓住 GSM 網絡的建設機遇，逐一破解資金短缺、全國漫遊、互聯互通等行業難題，實現了沿海、沿江、沿高速公路乃至全國的網絡全覆蓋，從「替補隊員」成長為通信行業的「主力選手」，推動了市場經濟的發展。跨入 21 世紀後，面對全球風起雲湧的信息化浪潮和中國信息社會建設的戰略需求，移動通信行業各環節緊密合作，積極發揮「移動性、個人性、實時性、安全性」的優勢，充分利用各種資源，把先進的移動通信技術應用融合到政府部門、傳統產業、廣大農村中，在直接貢獻於經濟發展的同時，有力地推進了國民經濟和社會信息化進程。

在 2G 時代的近 15 年間，中國移動通信行業走過了一條準確把握經濟大勢、技術機遇的快速發展之路，在每一個發展

2001 年，四川涼山拖烏溝移動基站開通，手機終於有了信號，村民們樂得像過年一樣

來源：四川移動

階段都為國家經濟建設做出了積極貢獻，並通過自籌資金、上市融資等手段搞建設，有效減輕了國家財政的負擔。特別是2000 年到 2008 年，中國移動通信行業始終以高於 GDP 若干倍的速度增長，成為國民經濟各行業的「領頭羊」。

移動通信也給中國的老百姓帶來了看得見、摸得着的實惠：從 2 萬元一部的「大哥大」到 200 元一部的老人機；從高額的入網費到逐年降低的通信資費；從一城一家營業廳到

網絡、電話、短信等多維度服務渠道；從單一語音業務到包含圖片、鈴聲、遊戲等豐富內容的多媒體服務……其時，移動通信已經融入人們的生活之中，成為老百姓不可或缺的生活必需品。特別值得欣慰的是，越來越多的農民也跨越了信息鴻溝，享受到了移動通信帶來的「數字福利」。自信息產業部 2004 年啟動「村通工程」以來，電信運營商積極承擔社會責任，使移動通信成為農民生產的幫手、生活的夥伴、致富的橋梁，努力發展讓農民真正「用得上，用得起，用得好」的手機。據統計，到 2006 年，中國移動已累計為 3 萬餘個行政村開通移動電話，將中國行政村通電話的比例提高了 5%；中國聯通僅 2006 年一年就為 1152 個行政村和 236 個建設兵團連隊、林場、礦區開通了移動電話。

應急先鋒，生命保障

2008 年 5 月 12 日 14 時 28 分，四川省阿壩州汶川縣發生 8.0 級強烈地震，交通、通信基礎設施遭到嚴重破壞，人民的生命財產安全遭受重大損失。

災情就是命令，時間就是生命！危急時刻，通信就是生命線！

當人們緊急避險、撤退後方之時，來自中國電信、中國

移動、中國聯通以及通信設備製造商的通信搶險隊員，義無反顧地衝進了災區第一線。道路不暢，他們扛起設備徒步前行；電力中斷，他們堅守燃油發電機徹夜發電；餘震頻發，他們不顧安危駐紮一線。

劉建秋是中國移動四川分公司的員工。地震發生後，正在馬爾康進行「村通工程」施工的他和同事們接到命令，就地成立抗震搶險突擊隊。5 月 16 日中午，劉建秋帶領搶險隊伍在阿壩州高家莊路段搶修受損光纜，其間突發 5.9 級強烈餘震，引發山體大面積山石飛落。「大家快跑！」劉建秋大聲警示同事避讓飛石，而自己卻不幸被飛石擊中，英勇獻身，年僅 36 歲。

在生命的最後一刻，長年在外奔忙、很少回家的劉建秋，流着淚說了四個字：「我……想……回……家！」

2009 年 8 月，劉建秋正式被民政部追認為革命烈士。

手機打得出，短信發得出，網絡連得通……越是關鍵時刻，通信的暢通越顯珍貴。這也是廣大通信人的責任與擔當。

不僅僅是地震，洪水、颱風、泥石流、冰凍雨雪……從南方雨雪冰凍災害到「5‧12」汶川特大地震，再到「4‧14」青海玉樹地震……應急救援中，千千萬萬的通信人為搶修一條條「生命線」，流血流汗，甚至獻出了寶貴的生命。

2008 年 5 月 12 日，汶川突發 8.0 級強震。向震區進發，誓保通信生命線！成千上萬名通信搶險隊員突入震區一線，流血流汗，不辱使命

來源：四川移動

災難，既讓我們感歎生命的脆弱與無常，也折射出那些「逆行勇士」們胸懷大局、忠於職守、捨生忘死的人性光輝。

災區不會忘記，人民不會忘記，歷史也不會忘記，有這樣一群人一直守護在我們身邊。

提升國家實力，促建信息社會

移動通信在為經濟發展、社會進步、大眾生活做出積極有形貢獻的同時，還以無形的影響促進了中國軟實力的提升，而這一「隱形貢獻」的價值遠遠超出了金錢能夠衡量的範疇，對中國信息社會建設具有重要意義。

移動通信促進了中國人觀念的改變，帶動了通信文化的興起。2G 時代，中國的移動通信網絡覆蓋範圍不斷擴大，終

端功能日益增強，業務內容不斷豐富，真正實現了「任何人、任何時間、任何場所，使用任何終端都能夠安全快捷地自由通信」的構想。那時，人們就已經開始利用手機滿足學習、生活、工作、資訊獲取、休閒娛樂和電子商務等不同需求。拇指傳情、手機讀報、手機購物……移動通信延伸了人們的聽覺、視覺、觸覺，擴大了人們交流的廣度，加深了人們溝通的深度，擴展了彼此間溝通的時空範圍，加速了人們思維方式、工作方式、生活方式的轉變。同時便捷的移動通信降低了信息交流的成本，擴大了人們的信息來源，有力地促進了國民素質的提升。

移動通信促進了經濟社會運行效率的提升。信息資源、物質資源、能量資源是社會發展的三大資源，但只有信息資源具有得天獨厚的可再生優勢，利用好信息資源，還能充分有效地利用物質資源和能量資源。移動通信行業衝破時空束縛，充分利用信息資源，推出了一系列移動信息化行業應用，這些應用已經融合滲透到政府相關部門和電力、交通、石油、民航、海關、餐飲、運輸、金融、旅遊、環保等眾多行業，有效地幫助相關行業降低了經營成本，規避了經營風險，提高了管理效率，促進了經濟社會運行效率的提升，帶來了難以用金錢衡量的倍增價值。

　　通信企業的快速成長提升了中國的國際競爭力。2G 時代，移動通信行業的跨越式發展，催生了中國移動、中國聯通、中興、華為等在國際電信領域頗具競爭力的大企業。這些企業的發展壯大不僅推動了國民經濟的發展，而且促進了中國國際地位的提升。一直以來，中國被冠以「世界加工廠」的稱謂，這既體現了中國在勞動密集型加工製造業方面的優勢，也折射出中國在技術和知識密集型產業方面的劣勢。然而，在經濟全球化的背景下，決定一個國家國際競爭力高低的恰恰是技術和知識密集型產業的水平。移動通信強勢企業的騰飛，特別是國際影響力的增強，極大地促進了中國國際競爭力的提升。與此同時，這些企業接軌國際的管理理念、資本運作經驗、海外拓展實踐，甚至發展中的教訓，都成為中國其他企業發展過程中的有益借鑒，帶動着更多的企業走出國門、走向國際。

尾聲

　　從「貴族」到「平民」，從「大哥大」到「大眾化」，從發展瓶頸到經濟先鋒……如果說在 1G 時代，中國移動通信行業實現了從無到有，那麼在 2G 時代，則實現了從小到大、從

起飛到騰飛的跨越式發展。無論是網絡規模、技術層次，還是服務水平、人才儲備，都發生了質的飛躍。

統計數據顯示，1994 年 2G 網絡在廣東開通時，全國移動電話用戶（1G 用戶）數還不到 65 萬戶，僅僅三年後的 1997 年，中國移動電話用戶數就達到了 1000 萬戶，接着四年後的 2001 年，增至 1 億戶。此後，2002 年 11 月，中國移動電話用戶數達到 2 億戶；2004 年 5 月，達到 3 億戶；2006 年 4 億戶；2007 年 5 億戶；2008 年，在 3G 發牌前夕，又突破了 6 億戶。

2G 時代，中國不僅是全球移動電話用戶數最多的國家，同時也是全球 GSM 和 CDMA 網絡容量最大的國家，還是全球手機產銷量和品牌最多的國家。

這一時期，移動通信行業進入「輝煌」時期，不僅從當初制約經濟建設的瓶頸一躍成為國民經濟的基礎產業和先導產業，為國家經濟建設和社會發展提供了有力支撐，而且，移動信息化應用深度影響到大眾生活的方方面面，推動着人們思維觀念和社會生活、生產方式的改變。

第四章

坎坷 3G，改變產業

引子

舊時王謝堂前燕，終於飛入尋常百姓家！

在改革開放的時代背景下，中國準確把握 2G 的發展機遇，大膽決策、超前建設，移動通信網絡及應用發展取得空前成就，給經濟社會發展和大眾信息生活帶來了質的提升。同期，中國通過實施「引進、消化、吸收、再創新」戰略，在移動通信設備製造領域推進國產化，民族廠商的市場份額逐步提升。

然而，面對國外廠商通過技術標準「把持」移動通信競爭制高點並獲取高額收益的現實，中國移動通信行業陷入了深思：中國，只能扮演跟隨者的角色嗎？

緊緊抓住全球 3G 創新的難得機遇，中國通信人如學步的孩童，如初生的牛犢，不知難、不言畏，跟跟蹌蹌地闖上了一條遍佈荊棘的標準之路，並最終實現了中國百年通信史上「零的突破」。

這一路，艱苦卓絕；這一闖，彪炳史冊。

4.1　提交自己的標準，迫在眉睫

　　這是一個掌握標準就擁有話語權、掌握標準就佔據制高點的時代。

　　隨着經濟全球化的深入發展，標準已成為世界「通用語言」，成為國家核心競爭力的基本要素之一。小到企業，大到國家，如果不參與標準的制定，就很難擺脫被邊緣化、末端化的命運。在移動通信等戰略性高科技領域，更是如此。

　　中國移動通信行業的標準突破之路走得相當艱難。從漢字尋呼標準到移動通信全網漫遊標準，中國移動通信行業一直在技術領域奮力追趕國際同行，努力提升在移動通信領域的國際話語權。一位移動通信專家曾坦言道：「改革開放初期，我們對無線通信的研究還很淺，很多技術只知其然，不知其所以然。剛開始真是搞不明白人家的國際標準是怎麼做出來的，但是我們一直都沒有放棄。」

　　1G 時代，基礎薄弱的我們只能奉行「拿來主義」，認真學習、研究。2G 時代，略有積累的我們開始積極參與國際標準的制定事宜，積極建言、發聲。

　　20 世紀 90 年代，隨着圖像、視頻等寬帶多媒體業務需求的產生，面向更高帶寬、更快速率的 3G 技術相關研究逐漸浮

出水面，成為世界各國在高科技領域競爭的新焦點。

1996 年，ITU 的 TG8-1 任務組在美國聖迭哥召開會議，時任郵電部移動通信局總工程師的李默芳臨時擔任發展中國家第 5 工作小組主席，她作為代表，首次把中國對 3G 的需求形成報告提交給了 ITU。當時，發展中國家裏，只有中國提交了 3G 文稿。

1997 年 4 月，ITU 向全世界發出邀請，徵集 3G 國際標準技術方案。李默芳迅速將信息傳回國內，並積極建議郵電部領導關注。「我覺得中國決不能放棄這個機會，應該把我們自己的技術提交上去。1998 年 6 月底是 ITU 給出的截止日期，時間非常緊張，我急得直接給林金泉副部長（原郵電部副部長，主管科技教育等）打了電話。」李默芳的建議得到了郵電部領導的高度重視。

中國政府主管部門和業界專家敏銳地意識到，這是中國掌握移動通信行業發展主動權、衝擊自主創新制高點的大好機遇。

1997 年 5 月，郵電部科技司召集業界專家召開了一次小型會議，就中國參與 3G 國際標準申報的可能性、路徑和技術方案進行了開放式交流。

兩個月後，1997 年 7 月，郵電部批准成立了由政府部

門、運營企業和研究機構組成的 3G 無線傳輸技術評估協調組，並在 ITU 進行了註冊。評估組組長由時任郵電部電信傳輸研究所副所長的曹淑敏（後歷任工信部電信研究院院長，中國信息通信研究院院長，江西省鷹潭市委書記、市長，現任北京航空航天大學黨委書記）擔任，各項工作迅速緊張地展開。

1998 年初，郵電部在北京召開專題會議，向國內徵集相關提案。在這次會議上，電信科學技術研究院提出，以中國自主創新的 SCDMA 技術為基礎，向 ITU 提交 3G 標準。

電信科學技術研究院於 2001 年整體轉制為大型國有科技企業集團，即大唐電信科技產業集團，後來成長為一家專門從事電子信息系統裝備開發、生產和銷售的大型高科技中央企業，擁有無線移動通信、集成電路設計與製造、特種通信等產業，是中國移動通信行業的主力軍。2018 年 6 月，大唐電信科技產業集團（即電信科學技術研究院有限公司，簡稱大唐電信）與烽火科技集團（即武漢郵電科學研究院有限公司）聯合重組，新設中國信息通信科技集團有限公司。

SCDMA 是獲得國家科技進步一等獎的無線接入技術，其突出特點是具有很高的頻譜利用率，可有效解決 GSM 技術中頻譜資源利用不足的問題，而且可動態調整上下行鏈路速率，以滿足上行指令簡單而下行數據海量的寬帶多媒體業務需

求。此外，SCDMA 技術創新採用智能天線技術，可大幅降低發射功率。

　　儘管討論過程中一些專家提出了擔心和疑慮，但時任郵電部科技委主任的宋直元力排眾議，他認為，中國發展移動通信不能永遠靠國外的技術，總得有個第一次。會議提出決策：由電信科學技術研究院牽頭，以 SCDMA 技術為基礎，起草3G 標準提案，代表中國向 ITU 提交。

　　此時距離截止日期已不足半年的時間。在移動通信專家李世鶴（被譽為中國「3G 之父」）的帶領下，中國開始了緊張的 3G 標準提案的起草工作。

　　1998 年 6 月，中國 3G 標準提案的起草工作完成。在6 月 30 日 —— 3G 國際標準提案徵集截止日，中國正式向ITU 提交了擁有自主知識產權的 TD-SCDMA（Time Division-Synchronous Code Division Multiple Access，時分－同步碼分多址）技術作為 3G 標準的候選標準。

　　這是中國百年通信史上第一次向 ITU 提交完整的通信系統標準！是的，我們沒有角逐高科技領域國際標準的成功經驗，我們缺乏開發全套新型移動通信系統的基礎，我們還未研發出足以支撐企業發展的技術，但是，中國移動通信的自主創新邁出了第一步！

4.2　夢想起航

到 1998 年 6 月底，ITU 共收到 10 個候選技術標準。其中，美國 4 個、歐洲國家 2 個、韓國 2 個、中國 1 個、日本 1 個。

中國提交的 3G 標準想要在 ITU 的選拔機制中勝出，必須通過標準化局和無線電局設置的兩道技術關口。

闖關 ITU

ITU 首先會對各國提交的標準進行技術價值評估。相關技術只有通過篩選才有成為入選標準的可能，如果在篩選階段沒有過關，則意味着出局！

1998 年 11 月，ITU 第 8 研究組在倫敦召開第 15 次會議，進行技術篩選，由第 8 研究組下屬的第 5 工作小組具體負責。

天時，人和！

ITU 的一個人事變動給了中國 3G 標準一個絕好的機會。此前，第 8 研究組第 5 工作小組的主席由第 8 研究組主席、來自加拿大的權威專家兼任。那段時間，因為第 8 研究組及其下屬的第 5 工作小組的任務都很繁重，加之代表中國參會的曹淑

敏在 ITU 學術討論中展現出的專業素質給第 8 研究組主席留下了深刻印象，於是他推薦曹淑敏擔任第 5 工作小組的主席。

曹淑敏上任後，與來自電信科學技術研究院的李世鶴、移動通信局的總工程師李默芳等人一同在 ITU 會議上為中國 3G 標準據理力爭。幾番努力，倫敦會議的結果令人振奮：中國 3G 標準成功闖過標準關！

很快，爭奪無線關的「戰鬥」打響了。

1999 年 3 月，ITU 在巴西舉行會議，研究確定無線接口的關鍵參數。TD-SCDMA 的關鍵參數只有被列入其中，才能繼續發展，如果關鍵參數不被接納，亦是滿盤皆輸。

在此次會議上，中國代表團積極宣傳中國 3G 標準的頻譜利用優勢，說服各國專家支持中國 3G 標準。最終，TD-SCDMA 的關鍵參數被完整保留。

1999 年 11 月，ITU 在芬蘭赫爾辛基召開會議，中國提出的 TD-SCDMA 提案被列入 ITU-R M.1457 建議，成為 ITU 認可的 3G 主流標準之一。

2000 年 5 月，世界無線電通信大會正式批准了 3G 標準建議。從此，中國提出的 TD-SCDMA 與歐洲、日本提出的 WCDMA，美國提出的 cdma2000 並列成為第三代移動通信三大主流標準。

這是中國百年通信史上「零的突破」，標誌着中國在移動通信技術標準領域走進世界前列。

這也是中國對世界移動通信發展的重要貢獻，TDD（Time Division Duplex，時分雙工）技術為全球頻譜資源緊張下的技術走勢提供了全新的解決方案，而這一創新貢獻後續一直影響到全球 4G、5G 技術路線的走向。

「加盟」國際通信標準化組織

獲得 ITU —— 這個制定全球通信行業標準的官方組織的批准，中國 3G 標準就真正確立了國際標準的地位了嗎？

第一次參與移動通信高科技領域「標準遊戲」的中國，後來才發現，遊戲規則複雜着呢。

在全球電信領域，一個國際標準要真正實現商用，必須獲得兩個方面的支持：一是官方組織（例如 ITU）的認可；二是產業鏈（例如 3GPP、3GPP2 等國際通信標準化組織）的支持。雖然 ITU 在移動通信國際標準制定的過程中發揮着主要的推動作用，但是 ITU 的建議並不是完整的規範，標準的技術細節則主要由上述兩個國際通信標準化組織進一步完成。也就是說，如果僅僅被 ITU 認可，但沒有得到 3GPP、3GPP2 這些國際通信標準化組織的支持，標準也只是紙上談兵，不能實

現真正的商用。

3GPP 是一個成立於 1998 年的國際通信標準化組織。有歐洲背景的 3GPP 主要制定以 GSM 核心網為基礎，以 WCDMA（Wideband Code Division Multiple Access，寬帶碼分多址）以及中國積極爭取的 TD-SCDMA 為無線接口的 3G 技術規範。3GPP2，則是致力於推動美國主導的 cdma2000 標準產業化的組織。這兩個國際通信標準化組織是 3G 標準的具體制定者，其成員涵蓋了世界上幾乎所有有影響力的電信運營商和設備製造商。

「只有國際通信標準化組織接納了這個標準，相關的技術才會被納入設備、系統的生產之中。因此，3GPP 的認可很重要，但他們一開始並不接納 TD-SCDMA。」一位移動通信技術專家如是說。

為了適應「遊戲規則」並參與其中，經過積極努力，1999 年 4 月，中國成立了第一個通信標準化組織 —— 中國無線通信標準組，由曹淑敏兼任該組織的主任委員。1999 年 6 月，中國無線通信標準組正式加入 3GPP 與 3GPP2。

加入是一回事，贏得國際通信標準化組織的認可是另一回事。怎麼辦？只有被 3GPP 等組織認可，才能通過他們協助 TD-SCDMA 定義完整的端到端系統規範，實現不同廠商之間

的互操作，從而為中國 3G 標準商用化奠定堅實基礎。

曲線救國！

當時，全球運營商已經開始參與標準的制定。為了推動通信標準的一致化，運營商牽頭成立了 OHG（Operators Harmonization Group，運營商融合組織）。所謂「一致化」，就是從運營商和用戶的角度出發，國際標準越少越好，對互聯互通、降低成本而言，只存在 1 個標準才是最優解。OHG 的主旨就是積極推動標準的融合發展。移動通信領域的國際標準，1G 群龍混雜，2G 有 4 個，3G 有 3 個，4G 有 2 個，直到 5G，一致化的夢想才真正實現，融合為 1 個標準。

鑒於 GSM 在中國取得的巨大成功，特別是中國移動在全球運營商中整體實力排名的快速提升，李默芳被推選為 OHG 的首任主席。

國內通信行業有人建議：能不能通過 OHG 給 3GPP 發通函，代表國際運營商支持 TD-SCDMA？

行不行，都要試一試。

1999 年 9 月，中華人民共和國成立 50 周年大慶前夕，正忙於各項通信保障任務的李默芳連夜從北京趕往德國海德堡參加 OHG 會議，爭取 OHG 對 TD-SCDMA 的支持。此時，李默芳已卸任 OHG 主席，但這位東方女性在全球運營界的國際

聲望依然很高。

　　得知李默芳為了 TD-SCDMA 正趕往海德堡，OHG 提前召開會議討論對策。支持還是不支持？會上，移動通信世界級專家、美籍華人李建業博士一語中的：「Madam Li 專程而來，決心很大，中國自己的運營商支持 TD-SCDMA，他們那麼大的體量與市場，我們有什麼理由反對，為什麼不能把 TD-SCDMA 納入我們的標準體系裏呢？」待李默芳下飛機、轉火車趕到海德堡會議現場，演講完畢，OHG 主席就將支持 TD-SCDMA 的通函交到了她手中。隨後，OHG 這一代表全球主流運營商的支持意見傳遞到了 3GPP，中國 3G 標準與 3GPP 的「牽手」邁出了重要的一步。

　　1999 年 12 月，3GPP RAN 會議上，正式確立了 TD-SCDMA 與 UTRA TDD 標準融合的原則。經過持續不斷的努力，2001 年 3 月 16 日，在美國加利福尼亞舉行的 3GPP TSG RAN 第 11 次全會上，TD-SCDMA 被列為 3G 標準之一。這是 TD-SCDMA 成為全球標準的歷程中的一座重要的里程碑，標誌着 TD-SCDMA 被全球眾多電信運營商和設備製造商所接受。從此，TD-SCDMA 成為完全可商用版本的國際標準，並開始啟動從標準化向產業化的突破。

波瀾再起，完美反擊

世界移動通信發展的歷程表明，任何一種移動通信技術標準的發展和成熟都離不開政府的支持。

從 2G 來看，歐洲 GSM 標準和美國 CDMA 標準的背後都有來自政府的強大力量。沒有歐盟及其成員國給予的政治支持和由歐洲運營商所組成的「諒解備忘錄協會」的全力推動，GSM 不會在全球大獲成功。美國為推廣自己的 CDMA 標準更是不遺餘力。雖然 CDMA 標準進入市場較晚，而且僅有一個廠商支持，但美國官方堅決支持並資助該標準，不僅鼓勵在美國本土採用 CDMA 標準，還鼓勵美國的設備製造商和進入北美市場的外國供應商支持 CDMA 標準，並大力說服南美洲和亞太地區使用 CDMA 標準，使其成為一項國際標準。為了對抗 GSM，美國聯邦通信委員會一開始並沒有在可分配的頻率中為 GSM 留一席之地。正是因為美國政府採取的這一系列措施，CDMA 最終實現了在北美和亞太等地區的應用，成為繼 GSM 之後的全球第二大移動通信技術。

借鑒國際經驗，中國政府也採取了一系列積極措施支持具有自主知識產權的 TD-SCDMA 標準的發展。

2002 年 10 月，信息產業部發佈了中國的 3G 頻率規劃方

案，給 3G TDD 標準規劃了 155MHz 頻譜，為 TD-SCDMA 產業的發展提供了充足的頻譜資源，也向全世界表明了中國政府支持 TD-SCDMA 標準的明確態度，為 TD-SCDMA 的標準化、產業化進程注入了一針強心劑。

創新的道路，總是充滿着坎坷，任他波濤滾滾，我自初心不變。

2003 年 6 月，ITU 世界無線電通信大會在瑞士日內瓦舉行。會上，日本突然提出要在中國已經分配給 3G TDD 業務的頻率上發展衛星廣播業務。該提案一旦通過，TD-SCDMA 未來的發展將受到嚴重影響。為此，中國代表團進行了全面反擊。時任信息產業部副部長的奚國華指示代表團，在 TD-SCDMA 這一事關國家利益的問題上絕不讓步。當時的信息產業部無線電管理局局長劉利華（後任工信部副部長）、副局長謝飛波（後任工信部無線電管理局局長）帶領中國代表團，在相關會議上據理力爭，最終使日本代表團的提案未獲通過，成功維護了中國發展 TD-SCDMA 的正當利益。

必須承認，TD-SCDMA 標準起步較晚，有着各種不足，發展困難較大，但是經過艱苦卓絕的努力，其在技術上的許多獨特優勢顯露無遺 —— 頻譜的利用率更高，更適合支持移動互聯網業務，許多技術代表着移動通信技術的發展方向。可以

說，這一標準的提出和發展，是中國移動通信行業對世界通信事業發展做出的重大貢獻。

4.3 誰來牽頭？

作為中國百年通信史上第一個擁有自主知識產權的國際標準，TD-SCDMA 是中國通信行業自主創新的重要里程碑。然而，標準並不等於產品，更不等於商品，TD-SCDMA 能否順利產業化、市場化，能否順利將創新技術真正轉化為現實生產力，才是這一自主創新成果必須面對的真正考驗。

眾人拾柴火焰高

作為 TD-SCDMA 標準的提出者、核心知識產權的擁有者，大唐電信深知，TD-SCDMA 雖然取得了標準化的成功，但距離產業化還有很長的路要走，還有很多艱難險阻要突破，唯有眾人拾柴，TD-SCDMA 的創新火炬才能熊熊燃起。

為更快地推進 TD-SCDMA 的產業化進程，早日形成完整的產業鏈和多廠家供貨環境，推進企業平穩順利進入 3G 市場，2002 年 10 月 14 日，在國家發展計劃委員會、科學技術部（簡稱科技部）和信息產業部的推動下，TD-SCDMA 產業聯盟

成立預備會在深圳舉行，相關企業在會上確定了聯盟章程，組成了籌備小組。

2002 年 10 月 30 日，大唐電信科技產業集團、華立集團有限公司、華為技術有限公司、聯想（北京）有限公司、中興通訊股份有限公司、寧波波導股份有限公司、中國電子信息產業集團公司、中國普天信息產業集團公司聯合發起成立 TD 產業聯盟（TDIA）。

時任國務院副總理的吳邦國為 TD 產業聯盟成立發來了賀信。在時任國家發展計劃委員會副主任的張國寶、時任科技部副部長的鄧楠、時任信息產業部副部長的婁勤儉（後任陝西省委書記、江蘇省委書記）的共同見證下，大唐電信董事長周寰等八家企業的領導佩戴聯盟紅色圍巾在主席台上高舉雙臂，正式宣告：TD 產業聯盟誕生了。

2004 年 2 月，國家發展改革委、科技部、信息產業部共同啟動了「TD-SCDMA 研發和產業化項目」，安排項目經費 7.08 億元，其中產業發展的第一筆資金由信息產業部提供。該項目推動了完整的 TD-SCDMA 產業鏈的形成。

2006 年 2 月，以中國電信、中國移動和中國網通三個有實力的運營商為主，啟動了 TD-SCDMA 規模網絡技術應用試驗。

由此，TD-SCDMA 的產業化創新舉措開始緊鑼密鼓地實施。

據知情人士透露，2007 年初的一天，當時分管信息產業的國務院副總理曾培炎和中國移動董事長王建宙進行了一次深入交流，明確希望由中國移動為主，用一年時間在北京、天津、上海、秦皇島、瀋陽、廣州、深圳等七個奧運相關城市及廈門，建成一個可以服務奧運的八城市 TD-SCDMA 擴大規模試驗網。中國移動迅速表態：堅決不辱使命，完成任務。

2007 年 3 月，中國移動公佈了 TD-SCDMA 招標建網方案，投入資金近 267 億元，用以建設 TD-SCDMA 擴大規模試驗網。

2008 年 4 月 1 日，中國移動及時啟動了奧運城市 TD-SCDMA 網絡試商用和社會化業務測試工作。

2008 年 8 月 8 日晚 8 時，在漫天盛開的煙花中，一場在中國大舞台上演的奧林匹克盛典絢麗開幕。從奧運會到殘奧會，從場內到場外，一曲在「無線譜」上演繹的恢宏「通信交響樂」，成為這場曠世盛典深刻烙印在人們心中的經典一幕。

讓人特別難忘的是，在這場「世紀交響曲」中，也有了發自 TD-SCDMA 這個已經獲得國際標準認可的中國「民族樂曲」的強音──中國移動為 20 萬友好用戶、10 萬奧運工作者

提供了 TD-SCDMA 服務，如期兌現了將 3G 技術用於北京奧運的莊嚴承諾。

3G 緊急發牌，重擔交給移動

第三代移動通信的發展早已不僅僅是通信行業的任務，而是上升為國家戰略。為了促進 3G 時代形成相對均衡的市場競爭格局，中國政府在 3G 發牌前就提前進行了運營主體的重新佈局。2008 年 5 月，新中國電信、新中國移動、新中國聯通相繼成立，中國通信行業首次形成了三大全業務運營商「三足鼎立」的市場格局。

究竟誰會擎起 TD-SCDMA 的運營大旗？還是三家同擔重任？國內外傳言甚盛。一時間，關於 TD-SCDMA 究竟花落誰家的猜測成為媒體熱議的話題。

歷經北京奧運「實戰」的中國移動，其實已經默默做好了承擔 TD-SCDMA 發展重任的準備。通過奧運洗禮，中國移動對 TD-SCDMA 產品的成熟度及其與國外技術標準的差距有了充分的了解，並給出了一份積極推進 TD-SCDMA 成熟的三年規劃。當時大家判斷，這意味着中國政府沒那麼快發放 3G 牌照。

世事難料！

2008 年，美國房地產泡沫破滅引發的次貸危機愈演愈烈，嚴重影響到全球經濟的健康發展，各國都面臨嚴重的經濟危機。從北美到歐洲，再到亞太地區，為應對這次金融風暴，各國一系列經濟刺激措施相繼出台。

中國也不例外。2008 年 11 月開始，中國政府密集推出了大手筆的調控「重拳」。此時，具有巨大投資拉動效應的 3G 進入了國家決策層的視野。

據《人民郵電》報報道，2008 年 12 月 28 日晚，國務院總理溫家寶致電工信部部長李毅中，告知將召開國務院常務會議，研究 3G 牌照的發放，並要求工信部「出手要快」，做好以最短的時間走完法定審核程序的準備。

2008 年 12 月 31 日中午 11 時，一個急切的電話打進位於北京西長安街 13 號的工信部辦公廳：「3G 發牌方案，國務院常務會議通過了！馬上準備召開工信部 3G 發展領導小組會議，研究 3G 牌照具體發放事宜！」

電話是李毅中部長在國務院常務會議間隙打來的。在上午的議程中，李毅中代表工信部向國務院做了關於發放 3G 牌照的建議報告。聽完報告後，溫家寶表示，3G 牌照的發放意義重大，影響深遠，當前政府啟動這項工作，對於應對國際金融危機衝擊，千方百計保增長、保發展、保民生有着直接的帶

動作用，要當機立斷，立即發出。國務院其他領導也都表示贊同。10 年來懸而未決的 3G 發牌問題就這樣一錘定音了。

2009 年元旦假期，工信部辦公廳內一片忙碌。工信部 3G 發展領導小組成員、12 個相關司局的工作人員加班加點，審核三大電信運營商緊急報來的 3G 牌照申請材料。

2009 年 1 月 7 日下午，工信部正式向中國移動、中國電信和中國聯通發放了三張 3G 牌照。其中，中國移動獲得 TD-SCDMA 牌照，中國電信獲得 cdma2000 牌照，中國聯通獲得 WCDMA 牌照。

中國正式進入 3G 時代！

當時，研究機構分析，中國 3G 發展的前 3 年，電信運營商的累計投資將達 3000 億元，而且將產生巨大的「乘數效應」，可拉動社會投資近 2 萬億元，對減弱金融風暴對中國的衝擊、促進經濟平穩較快發展具有重要意義。

3G 牌照發放後，當時的工信部黨組書記、部長李毅中，黨組副書記、副部長奚國華與中國移動的相關領導進行了深談，主旨就是：做好 TD-SCDMA 的建設運營，既是中國移動肩上的千鈞重擔，也是工信部工作的重中之重。中國移動的相關領導鄭重表態：全力以赴、千方百計實現 TD-SCDMA 的快速建網、成功運營。

2009 年 1 月 7 日，3G 牌照發放僅幾小時，中國移動就正式面向全國推出全新的 3G 品牌標誌「G3」和 3G 專屬的 188 號段，在三家運營商中率先正式拉開了 3G 建網和市場運營的序幕。

2009 年 1 月 10 日，中國移動召開全國電話會議，佈置了 TD-SCDMA 建設的新規劃。這個規劃對 2008 年 12 月 12 日佈置的《2009—2011 年 3G 網絡建設發展規劃》進行了全新調整，新建 TD-SCDMA 基站規劃量增加了 40%，達 14 萬個，以實現全國 100% 地市的 TD-SCDMA 網絡覆蓋。

量變的表象下是質變的跨越。

中國移動 TD-SCDMA 網建 2.0 版的發佈離 1.0 版的發佈還不到 40 天，其反應之快、力度之大令人驚異，也向業界發出了強烈信號：中國移動已經從「要我做」進入「我要做」的階段。TD-SCDMA 是中國移動運營 3G 的唯一途徑。華山論劍，此路必經。

無論外界什麼態度，或振奮，或嘲諷，或憂心……2009 年，TD-SCDMA 網絡建設從「小步快跑」進入「大幹快上」階段。

4.4 難題一個接着一個

市場才是檢驗一切的試金石！當 TD-SCDMA 真正要大規模組網，接受廣大手機用戶的檢驗時，一系列問題密集浮出水面。

組網經驗為零，運營經驗為零，測試體系為零，芯片為零，終端為零……自主創新技術首次迎接市場風雨洗禮，艱難在所難免。

2009 年商用之初，相比幾乎什麼都要從零做起的 TD-SCDMA 產業，其他兩大 3G 標準早已起步多時。產業生態相對成熟的 WCDMA 在全球擁有 284 個商用網絡，cdma2000 則擁有 106 個商用網絡。

只有真正被扔入競爭激烈的市場，所有參與、關心中國 3G 技術發展的人們才深刻地認識到：這不是簡單的技術競爭，而是全方位的產業鏈競爭；中國相比發達國家，落後的不僅僅是技術，還有產業鏈的整體實力和核心環節的關鍵人才。

創新中遇到的問題，還得繼續在創新中解決。

基站建設怎麼就那麼難

相比 2G，3G 的基站更加密集，基站選址的難度翻倍增長。

　　曾經，移動通信是稀缺資源，基站密度也不算大，社會大眾對信息暢通的渴求超越了其他需求，移動通信的基站選址遭遇「人為」阻撓的情況並不多。但是，隨着移動通信成為必需品，大眾生活水平逐漸提升，情況悄然發生了改變。

　　首先，城市快速擴張，城市密度越來越大，基站可選站址日益受限。其次，社會大眾環保意識增強，但受到「民科」（那些並不具備專業知識的、所謂的民間科學愛好者）的影響，老百姓將「基站輻射」嚴重妖魔化，視基站如「垃圾站」，人人需要卻又人人避之不及。而且，TD-SCDMA 基站的天線相對較大，十分引人注目，比起 cdma2000 和 WCDMA 的基站，更難「上樓」。有時，基站施工人員剛剛裝好架子，就被附近的老百姓發現了，「趕走，還算是客氣的」。

　　「基站不是垃圾站！3G 通信基站是符合環保要求的，不存在輻射影響人體健康的問題。」儘管環保部門和通信管理部門屢次澄清，但是誤會已形成，很多居民一時還難以接受這一「事實」，破壞基站、阻撓建設甚至毆打通信員工的事件時有發生。這一情況在 TD-SCDMA 大批量建網之時尤為嚴重，成為 TD-SCDMA 發展的一大瓶頸。

　　據時任北京移動總經理的何寧回憶，當時北京移動一年召開 TD-SCDMA 建設協調會議就超過 120 次，平均 3 天一

次，其中多數是研究如何解決居民阻撓施工的問題。2009 年，中國共新建 TD-SCDMA 基站 8 萬個，其中選址、建設之複雜和艱辛，唯有親歷者方能體會。

其實，基站建設這個難題，一直沒有很好的解決辦法，4G 基站建設之初也遭遇了同樣的困境，直到人們開始對「基站輻射」有了更深的認識。

小知識

基站、手機輻射究竟有多可怕？

「基站輻射」究竟有多可怕呢？我們在這裏普及一下關於基站和手機輻射的知識。

人們害怕輻射，首先我們要搞明白到底什麼是「輻射」。

能量以波或粒子的形式從其源發散到空間，就叫輻射。換句話說，輻射就是物體向外傳送能量。例如，光輻射、熱輻射都屬於輻射。輻射是一個中性詞，而非貶義詞。在我們的生活中，輻射是時刻存在的，並不是全部有害。一部分輻射是大自然本身就有的，也有一部分輻射是人類製造出來的。

　　大自然輻射，最典型的就是太陽發光發熱。太陽就是一個場源。而人類製造的輻射大部分和電有關。電是我們生活中不可或缺的一部分，只要有電在傳輸，就會產生相應的電場和磁場，產生電磁波。

　　電磁波是一種輻射，包括電燈的燈光、Wi-Fi 路由器的信號、無線廣播等，全都是輻射。根據頻率的不同，電磁波可以分為光波和電波。通過下面這張圖，我們可以看出光波的頻率比電波高。光波中，頻率由低到高，分別是紅外線、可見光、紫外線、X 射線、γ 射線。

　　在同等條件下，電磁波的頻率越高，它的能量就越大，換言之，它的輻射強度也就越大。

　　根據電磁波頻率的不同，電磁輻射又分為電離輻射和非電離輻射。其中，波長小於 100nm 的電磁輻射，也就是

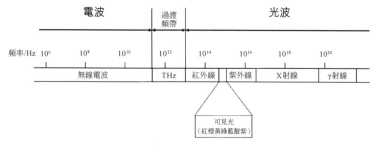

電磁波波譜圖

当心电离辐射
Caution, ionizing radiation

電離輻射警示標

頻率在 3×10^{15} Hz 以上的電磁輻射，稱為電離輻射。

真正會對人體造成傷害的，是電離輻射，如 X 射線、γ 射線。

電離輻射並不是只有壞處，主要看它的劑量。合理地使用適當的劑量，就不會造成傷害。例如我們在醫院體檢時使用的 CT、X 光，輻射劑量都被嚴格限定在安全劑量之內，按規則操作是非常安全的。

那麼，非電離輻射有沒有危害呢？非電離輻射的頻率比電離輻射低得多，它的單位面積上的能量也比電離輻射小得多。無線通信使用的電磁波頻率低於 10^{12}Hz。移動通信屬於無線通信的一種。目前使用的電磁波頻率主要為 600～4000MHz。這個頻率離電離輻射還差十萬八千里呢。

那麼，基站的輻射到底有多大呢？基站分為宏基站和微基站。室外看到的那種大型的、帶有板狀天線的基站是宏基站。正常情況下，一個宏基站的功率是 40W，距離基站 10m 處的功率密度大約是 $3.18\mu W/cm^2$。

為了加強電磁環境管理，保障公眾健康，中國於 2014

年對《電磁輻射防護規定》和《環境電磁波衛生標準》進
行整合修訂，出台了《電磁環境控制限值》，並於 2015 年
1 月 1 日起正式實行。根據該標準，通信頻段功率密度應小
於 $40\mu W/cm^2$。

實際應用中，因為考慮到信號疊加，中國的電信運營
商通常會將基站的功率密度控制在 $8\mu W/cm^2$ 以內。中國這
一標準遠遠低於其他國家或地區的標準（歐美和日本的標
準為 $450 \sim 600\mu W/cm^2$），是非常嚴格的。

$40\mu W/cm^2$ 到底有多大呢？相當於光照強度的 1/2500。

$$-\dot{Q}- \approx \ ^{((A))} \times 2500$$

顯而易見，基站輻射對人體的影響是微乎其微的。

那麼，手機會造成輻射危害嗎？相比基站來說，手機
對人體的輻射其實要稍微大一些。原因很簡單，雖然手機
的發射功率（幾毫瓦）明顯小於基站，但是手機離人體的
距離較近。

手機電磁輻射還有一個特點，那就是信號越弱，輻
射反而越大。因為手機本身設計的原因，當基站覆蓋信
號較弱時，為保證通信正常，手機會加大自身天線的發射
功率，輻射也隨之增加，當然，耗電量也隨之增加。這就

是在信號比較差的地方時，手機電量消耗得很快的原因之一。手機的輻射遠遠小於家裏的各類電器，例如微波爐、吹風機，甚至電視機。

為了更清晰地說明輻射問題，這裏澄清幾個有關手機輻射的謠言。

謠言 1：手機只剩一格電時輻射是平時的千倍。

真相：手機輻射強度一般是指手機的發射功率，它與手機的剩餘電量沒有任何關係，但和手機信號的強度有一定的關係。一般來說，手機信號越弱，輻射越大。上述謠言的始作俑者應該是混淆了手機「一格電」和「一格信號」這兩種情況。

謠言 2：樓頂有基站，樓內輻射大。

真相：基站的電磁輻射主要來自天線。而天線傳播信號是有方向性的，基站正下方輻射最小，再加上建築材料的阻隔，電磁輻射的衰減非常大。安裝有通信基站的樓宇是安全的。

手機終端的設計和製造才是「老大難」

如果說基站建設是難啃的「硬骨頭」，那麼手機終端的設計和製造才是真正的「老大難」。

當時，TD-SCDMA 產業鏈中，網絡系統設備產業相對成熟，而終端產業相比 WCDMA、cdma2000 則非常薄弱。中國的手機終端產業，歷經代工、貼牌，始終未能掌握手機芯片、核心軟件等關鍵技術，一直處於中下游水平。雖然國內廠商曾在終端領域發力，但結果不盡如人意。

一位業內人士坦言，2008 年進行友好用戶測試時，中國移動採購的 TD-SCDMA 終端有三成質量不合格，終端投訴佔比高達 40%。

TD-SCDMA 作為中國自主創新的技術，要從零開始研發一種全新制式的手機終端產品，終端製造商要承擔的風險可想而知，產業鏈出現了各方相互觀望的尷尬局面。

面對終端量少質低、產業鏈信心不足、國外巨頭互相觀望、國內廠商舉步維艱的情況，非得砸下真金白銀不可。

2009 年 3 月 13 日，中國移動正式啟動「TD-SCDMA 終端專項激勵資金聯合研發項目」招標，5 月 17 日的簽約結果顯示，摩托羅拉、三星、LG、中興、華為、宇龍、多普達、新郵通、海信共九家手機廠商和展訊、聯芯、天碁三家芯片廠商中標。中國移動投入 6.5 億元，同時帶動合作廠商的投入，總計為 TD-SCDMA 終端產業鏈注入超過 12 億元的研發資金。

　　這一舉措在中國開創了運營商與終端、芯片廠商「聯合研發」的先例。當時，在金融危機影響蔓延的緊要關頭，這筆6億多元的大手筆出資給一直擔心財務壓力的終端產業鏈注入了新的活力，有力提振了整個產業鏈對 TD-SCDMA 發展的信心和決心。

　　此外，中國移動推出「2G 與 3G 終端定製聯動、TD 終端產品庫、TD 專項激勵資金、全網包銷深度定製」四大激勵舉措，以深度合作引導 TD-SCDMA 手機產業鏈的成熟完善。

　　七個月後的 12 月 17 日，中國移動啟動的「TD-SCDMA 終端專項激勵資金聯合研發項目」瓜熟蒂落，首批 11 款 G3 手機在北京發佈，工信部副部長婁勤儉以及 TD-SCDMA 產業鏈代表等近 300 人出席了發佈會。婁勤儉在致辭中指出，中國移動與廠商的聯合研發投入，有效加快了 TD-SCDMA 終端產品化進程，特別是中國移動「聯合研發」的創新合作模式積極促進了運營業、製造業的良性發展和共贏，這 11 款 G3 手機正是這一創新合作模式的優秀成果，體現了中國移動在業界領先的創新力。

　　到 2012 年，TD-SCDMA 終端總數已超過 900 款，在庫終端產品中，手機終端有 371 款，設備終端有 531 款。產品不僅在性能方面穩步提升，在外觀、工藝、體驗等方面也不

斷強化，但是必須承認，相比其他制式的終端，還是有一定的差距。

組網出現新難題

曾經，「關鍵時刻信賴全球通」這一廣告語在人們心中留下了深刻印象，中國移動也一直以優質的網絡覆蓋與接通質量而自豪。然而，TD-SCDMA 網絡商用後，中國移動的網絡投訴居高不下，TD 與 2G 網絡的融合問題重重。

為提升 TD-SCDMA 網絡質量，中國移動創新地提出了「TD/2G 融合」的發展思路和「三不三新三融合」的組網策略。「三不」是指 2G 用戶在「不換卡、不登記、不換號」的情況下，只需更換一部 TD 手機即可同時使用 2G 現有業務和TD 特色業務。「三新」即「新機制、新標準、新測量」，是提高 TD 與 2G 網絡切換和重選質量的全新規範。「三融合」即「網絡融合、業務融合、應用融合」。

這些創新策略後來不僅成為中國移動遵循的企業標準，也被國內乃至全球同行廣泛借鑒，其中「三新」標準還上升為行業標準和 3GPP 國際標準。

與此同時，中國移動每年在全國開展「TD 網絡質量大會戰」，有效發現並解決了遠距離覆蓋技術、雙極化智能天線

等一系列影響 TD-SCDMA 發展的問題。中國移動不僅在兩年內完成了三年的網建規劃，而且網絡質量大幅提升。中國移動技術部總經理王曉雲介紹說：「新策略實施後，全國 TD 網絡覆蓋區域內平均掉話率降低至 0.31%，無線接通率提升至 99.4%，切換成功率提升至 98.2%，各項核心指標已達到甚至超過 2G 和其他 3G 通信系統的水平。」

　　用戶的選擇是檢驗 TD-SCDMA 市場化成果的重要標誌。到 2012 年，TD-SCDMA 用戶數不僅佔據中國 3G 用戶數的 40%，而且達到中國移動總用戶數的 10%。「從技術到標準化，從標準到產業化，從產業到市場化，TD-SCDMA 發展的每個階段都貫穿着創新精神。TD-SCDMA 網絡實現了從標準化到市場化的成功跨越，用三年半的時間走了歐美運營商十二年所走的路。」中國移動副總經理李正茂總結道。

鼎力支持，大道恢宏

　　古語云：「積力之所舉，則無不勝也；眾智之所為，則無不成也。」對於 3G 建設這樣一項投資大、任務重、涉及廣的複雜系統工程，社會各界給予了鼎力支持。

　　2009 年 1 月 14 日，在北京小湯山中國移動管理學院，一場有關如何推進 TD-SCDMA 發展的討論正在熱烈地進行着，

這是中國移動 2009 年工作會的一項重要議題。就在此時，時任中國移動江西公司總經理的簡勤（現任中國移動副總裁）接到了一個電話，省委有關部門通知，近期黨和國家領導人將前往江西移動公司調研 3G 發展情況。而這天距離 1 月 7 日 3G 發牌剛剛過去一個星期。

1 月 26 日，農曆大年初一。時任中共中央總書記的胡錦濤來到了中國移動江西公司客戶服務呼叫中心，看望和慰問節日期間堅守工作崗位的移動員工。胡錦濤十分關心中國 3G 的發展情況，特別是中國具有自主知識產權的 TD-SCDMA。視察中，他多次詢問 TD-SCDMA 的發展情況。胡錦濤還非常關注 3G 手機的技術開發、手機用戶數的增長以及 2G 與 3G 的融合發展情況。當得知 3G 商用後用戶無須更換 SIM 卡和號碼時，他露出了欣慰的笑容。胡錦濤一邊詢問，一邊拿起 TD-SCDMA 手機體驗 3G 視頻業務，當看到對端的工程調測人員的圖像時，他點點頭，稱讚「圖像很好」。

在視察中，胡錦濤強調，3G 牌照已經發放，TD-SCDMA 系統已經提前開通，產業鏈日趨成熟，移動網絡上了一個新台階，但任何系統的完善都有一個過程，關鍵是服務。他希望中國移動高度重視自主創新，在技術研發水平上台階的同時，不斷開發創新業務，不斷提升服務水平，只有這樣，才能更好地

為廣大人民群眾服務，企業才有競爭力。

　　時任國務院總理的溫家寶一直給予 3G 建設殷切關懷。2009 年 4 月 20 日，溫家寶在參加博鰲亞洲論壇年會後來到中興深圳總部，考察企業在全球金融危機衝擊下的運行狀況，特別了解了中興在中國 3G 建設中的發展情況，還通過中興 TD 手機進行了 3G 視頻通話，並對音像效果表示滿意。8 月 7 日，溫家寶在中科院無錫高新微納傳感網工程技術研發中心考察時，再次指示，要把傳感系統與 3G 中的 TD-SCDMA 技術結合起來，在國家重大科技專項中加快推進傳感網的發展。

　　時任國務院副總理的張德江也多次聽取 3G 建設相關工作的彙報，要求有關部門在政策上全力支持 3G，特別是 TD-SCDMA 的發展。他強調，發展 TD-SCDMA 是國家戰略，體現了國家意志，不能動搖。2009 年 4 月 16 日，他專程前往中國移動北京分公司考察，要求各地區、各有關部門要堅定不移地支持 TD-SCDMA 發展，加大政策扶持力度，積極為 TD-SCDMA 營造良好的發展環境，「切實把 TD-SCDMA 做實做大做強！」在當年的國際通信展期間，張德江還來到中國電信、中國移動、中國聯通、TD 產業聯盟等的展台，詳細了解了中國 3G 的發展情況。

　　歷經 10 年醞釀，中國 3G 藍圖才在金融危機的大背景下

慎重起筆，其所背負的責任與期望厚重而神聖。特別是中國自主創新的 3G 技術 TD-SCDMA，更牽動着黨和國家領導人的心。來自高層的親切關懷與殷切期望，不僅體現了黨中央、國務院對 3G 特別是 TD-SCDMA 的發展的高度重視，同時也體現了黨和國家對自主創新國家戰略的堅定決心。

各相關部委和各級黨委政府也對中國的 3G 技術給予了大力支持。

2009 年 1 月，工信部、國家發展改革委、財政部、國資委（國務院國有資產監督管理委員會）、科技部等部委制定了支持 TD-SCDMA 發展的 6 大項 15 小項扶持政策，內容涉及財政支持、項目支持、網絡建設、產品研發、業務應用、行業管理與服務、產業發展等 30 多個方面。五部委此次發文在通信行業以及社會各界產生了深遠影響，再次明確了政府層面對國產 3G 標準 TD-SCDMA 的大力支持。作為行業主管部門，工信部統籌推進 3G 和 TD-SCDMA 發展工作，通過明確任務、責任和關鍵時間節點狠抓工作落實，將 TD-SCDMA 產業鏈研發和完善納入電子信息產業發展基金、軟件和集成電路產業發展專項資金、核高基（核心電子器件、高端通用芯片及基礎軟件產品）、自主創新和高技術產業化資金、產業結構調整指導目錄等支持範圍；積極推動 TD-SCDMA 發展規劃、

網絡建設、網絡優化等工作；先後出台了支持 TD-SCDMA 和 3G 發展的資費、頻率、碼號、型號核準、設備入網、服務質量、結算、互聯互通、共建共享、信息化推進等政策，為 TD-SCDMA 的發展營造了良好的環境。

2009 年 2 月 5 日，全國第一份省級政府支持 TD-SCDMA 建設運營的文件在內蒙古自治區出台。內蒙古自治區人民政府辦公廳正式下發《關於大力支持中國移動 TD-SCDMA 建設工作的通知》，要求區內各級地方政府、部門、有關企業將 TD-SCDMA 發展納入本地區和部門發展規劃綱要，全力推進 TD-SCDMA 在內蒙古自治區的建設和運營。

隨後，全國各地支持 3G 尤其是 TD-SCDMA 發展的文件和舉措紛紛推出，為中國 3G 的發展注入了強勁動力。與此同時，各級政府還着眼未來，與三大電信運營商簽訂了總金額近 3 萬億元的戰略合作協議，而協議內容無不與 3G 發展相關。

共同的目標、共同的願望、共同的責任，把所有關注 3G、關心 TD-SCDMA 的人緊緊聯繫在了一起。從黨中央到國務院，從各部委到各省（區、市），一項項支持政策、一個個促進舉措、一句句鏗鏘承諾，推動中國 3G 網絡建設取得了令人矚目的成績。而 3G 的建設和發展，對有效應對國際金融危機和擴內需、保增長、調結構、促就業、惠民生發揮了積

極作用。

當年，如果沒有來自方方面面的默默支持，沒有 3G 時代的磨礪，何談後來 4G 的同步、5G 的局部領先？

4.5　移動互聯網時代揭幕

3G 牌照發放後，中國信息通信業掀起了近 30 年「最猛」的一次建設高潮。

僅 2009 年，3G 網絡建設投資就達 1609 億元，建設基站 32.5 萬個，發展 3G 用戶超過 1500 萬戶，基本實現主要城市和東部發達地區的 3G 網絡覆蓋，有力帶動了系統設備、終端芯片、測試儀錶等產業的發展。華為、中興等企業在金融危機大背景下實現逆勢增長（據統計，2009 年，全球移動通信設備市場交易額較上年下滑了 8.2%，而這也是近 5 年來的首次下滑。同年，華為、中興的銷售收入增幅均達到 30% 左右），架構於 3G 網絡基礎之上的政務、商務、文娛、社交等移動互聯網應用開始萌芽、成長。

中國信息通信研究院的統計數據顯示，2009 年，3G 間接拉動中國國內投資近 5890 億元；帶動直接消費 364 億元、間接消費 141 億元；直接帶動 GDP 增長 343 億元，間接帶動

GDP 增長 1413 億元；直接創造就業崗位 26 萬個，間接創造就業崗位 67 萬個。

2010 年，隨着 iPhone 手機的大量引入，「3G+ 智能終端」的化學反應真正刺激了中國移動互聯網產業的發展，3G 網絡的價值開始真正得以體現。

隨後，2011 年成為 3G 發展的分水嶺。WCDMA 網絡的優質體驗，加之人氣智能終端的快速普及、創新又接地氣的市場策略，中國聯通的 3G 用戶數增長十分迅猛。2011 年上半年，中國聯通收入增長超過行業平均水平，主要就得益於 3G 業務的帶動。同期，中國電信 cdma2000 制式的 3G 網絡也實現了贏利，比預期提前了半年。而中國移動運營的 TD-SCDMA 則因為終端產業鏈的瓶頸，發展略顯滯後。

iPhone 創造的全新商業模式很快被推廣，安卓智能手機後來居上，2011 年上半年的市場份額躍居全球第一。越來越多的創業者推出了數以百萬計的創新 App，移動互聯網呈現一片繁榮景象。同樣是 2011 年上半年，中國手機網民規模達 3.18 億戶，手機用戶使用移動互聯網的比例達到 38%，高於美國的 27%，中國成為當之無愧的移動互聯網大國。同樣是在這一時期，微博實現大爆發，成為移動互聯網應用的領軍者。中國的微博用戶數從 2011 年初的 6311 萬快速增長到 1.95

億，半年增幅高達 208.9%，在網民中的使用率從 13.8% 躍升至
40.2%，其中手機微博 App 功不可沒。

2011 年，3G 不僅改變了人們的信息生活，也改變了整
個信息通信業的格局。8 月 15 日，一條爆炸性新聞點燃了全
球 ICT 產業：互聯網巨頭谷歌豪擲 125 億美元收購手機巨頭
摩托羅拉移動。由此，一代豪傑黯然告別曾經叱咤風雲的通
信江湖。

在 3G 開啟的移動互聯網時代，摩托羅拉、諾基亞、朗
訊、北電網絡、西門子等一大批 2G 時代曾經享譽世界的老
牌名企，逐漸走向沒落；蘋果、谷歌、Facebook、Twitter、
騰訊、阿里巴巴、百度等一批產業新貴，則在 3G 時代強勢
崛起。

4.6 砸下幾千億元值不值？

作為中國自主創新的 3G 通信技術標準，TD-SCDMA 無
論在研發時間、技術成熟度、產業鏈支撐還是國際市場應用層
面，都無法與 WCDMA、cdma2000 技術標準相比。然而，發
牌不到兩年時間，TD-SCDMA 用戶數突破了 2000 萬戶，三年
突破 5000 萬戶，四年突破 1 億戶，佔全國 3G 用戶總數的比

例超過 40%。2013 年，TD-SCDMA 進入爆發式增長階段，用戶數以每月近千萬戶的速度增長，並於 2014 年 1 月突破 2 億戶，超額完成了國內市場「三分天下有其一」的原定目標，初步實現了 TD-SCDMA 在中國市場的成功運營。

這樣的成績單是中國移動在巨額的投資下給出的。據統計，2009 年至 2012 年，中國移動對 TD-SCDMA 的總投資達到 1945 億元。有人測算過，如果中國移動採用 WCDMA 標準，達到同樣的網絡規模，投資金額將會減半。

中國移動這近 2000 億元到底用到了哪裏？

用於拉動 TD-SCDMA 系統設備、芯片、終端、儀錶等全產業鏈的快速發展，而這些產業的廠商基本是國內廠商。

然而，作為中國百年通信史上首個自主創新的國際標準，TD-SCDMA 還有很多不完善的地方，也有人發出質疑：中國移動砸下了重金作為「學費」，到底值不值？

值不值，下面這一組組數據就足以說明問題。

據測算，TD-SCDMA 運營、終端、芯片、系統設備、儀錶等產業各方合計直接拉動 GDP 增加 612 億元；通過產業關聯效應，間接帶動國民經濟其他行業增加產值 1768 億元；通過網絡投資、業務運營和聚合業務開發企業，TD-SCDMA 產業直接創造就業崗位超過 43.1 萬個。

1G 時代，中國發展了 60 多萬移動電話用戶，僅向國外公司購買設備就支付了 2500 億元，2G 時代達到近萬億元。而在 3G 時代，隨着 TD-SCDMA 用戶規模的擴張，相比其他 3G 標準，中國終端製造企業可節約的專利許可費支出就達到數十億美元。而這些僅僅是 TD-SCDMA 產業化價值的冰山一角。

事實上，中國歡迎有實力的外資企業參與 TD-SCDMA 的發展，共同壯大 TD 生態圈。但是，這些企業還是對中國的創新技術缺乏信心，怕巨額投資血本無歸。這種判斷從商業角度完全可以理解，由此，中國的通信企業勇擔起了參與研發 TD 設備的重任。

出乎意料的是，到 2012 年時，TD-SCDMA 的經濟總量已超過 4300 億元，相當於 2011 年中國 GDP 總量的 1%。

TD-SCDMA 的發展不僅為中國通信行業帶來了巨大經濟效益，而且加快了通信企業由「中國製造」向「中國創造」提升的步伐。

在中國工程院院士鄔賀銓看來，自主創新不是一個科學範疇的名詞，而應納入經濟學範疇，自主創新唯有產生經濟效益和社會效益才有價值，因此實現從標準引領到產業引領才是中國大力推進自主創新的最終目標。在 TD-SCDMA 的產業化

進程中，中國的通信企業不僅在運營、製造環節發揮了積極作用，而且在終端、芯片、儀錶等領域崛起，一些由國外通信企業獨領風騷的領域開始出現中國通信企業的身影。可以說，正是由於 TD-SCDMA 的推進，一條由中國通信企業參與並主導的 TD-SCDMA 完整通信產業鏈開始形成，不過這個產業鏈的力量還比較薄弱。

數據顯示，TD-SCDMA 運營的第五年，中國本土企業已佔據了 TD-SCDMA 市場 80% 以上的市場份額，而在 2G 時代，本土企業的市場佔比僅為 20%。

正是在 3G 時代，中國測試儀錶市場開始改變完全依賴國際廠商的局面，中國儀錶製造廠商在 TD-SCDMA 市場的份額接近 90%，打破了國際廠商對高端通信儀錶的壟斷局面，首次實現高端通信測試裝備出口。

在位於產業鏈高端的 TD 終端芯片領域，中國產業界更是實現了質的飛躍。2012 年，TD-SCDMA 終端芯片出貨量已超過 1 億片，市場份額從零發展到超過 50%。

自主創新是科技發展的靈魂，是一個民族發展的不竭動力，是支撐國家崛起的筋骨。很多時候，我們並不缺乏自主創新的膽識和魄力，而是缺乏對創新規律的把握和遵循，缺乏轉化創新成果的實踐和經驗。

最值得關注的是，TD-SCDMA 的發展包含了標準、知識產權、核心技術、產業鏈等方面的創新，其價值不僅體現在帶動了通信行業的發展，促進了中國高科技產業核心競爭力的提高，更重要的是，其聚集全產業形成的立體化、系統化、科學化創新模式，為中國科技自主創新探索出了一條有益路徑。

對於 TD-SCDMA 的真正價值，人們在 4G 時代會有更深刻的理解。

4.7 「獨角戲」沒有未來

從 2009 年初 3G 發牌，到 2013 年 4G 正式商用，五年間，3G 在中國從一個技術概念變成了與經濟社會發展和普通百姓生活息息相關的通信服務。這五年，3G 改變了移動互聯網，重構了信息通信業格局，也讓信息通信應用更加豐富多彩。

一組數據能讓你直觀地感受到 3G 在中國的發展速度。

2011 年 9 月，3G 滲透率突破 10%，即每 10 個移動電話用戶中就有一個 3G 用戶，市場進入規模化增長期；2011 年底，全國 3G 用戶總數突破 1 億戶；2012 年底，3G 滲透率突破 20%，市場進入成熟期。終端和應用都極大豐富，手機上網

成為潮流，3G 服務深刻影響了消費者的生活；2013 年底，3G 用戶總數突破 4 億。

2013 年底，中國移動互聯網流量達到 132 138.1 萬吉字節，與 2009 年的 11 789 萬吉字節相比，增加了約 10 倍，流量呈現爆炸式增長。隨着 3G 網絡的廣泛覆蓋和智能手機的快速普及，特別是在蘋果 App 模式的創新帶動下，移動互聯網應用在 3G 時代增長迅猛，移動支付、位置服務、即時通訊等軟件深入國人的工作和生活。而移動互聯網新型模式的激增，也給傳統通信行業帶來了極大衝擊，「去電信化」成為潮流。

而這五年，移動通信市場的格局也發生了巨大變化。

運營 TD-SCDMA 的中國移動，收入份額佔比不斷降低，運營 cdma2000 的中國電信和運營 WCDMA 的中國聯通，收入份額佔比不斷增長。有人評論，曾經 2G 時代「一家獨大」的中國移動，正是被 TD-SCDMA 拖了後腿。但是也有人分析，中國的移動通信市場因此更為均衡了，基本實現了第三次電信重組的目標。

不必評論這些看法。但有一點，我們必須承認，作為國際標準的 TD-SCDMA，全球有且只有中國移動一家企業「孤獨」運營，並沒有走出國門，實現全球化的推廣和應用，這說

明中國擁有自主知識產權的 3G 標準並沒有做到實質意義上的國際化。

這一缺憾，會在 4G 時代得到彌補嗎？

尾聲

3G 時代是一個分水嶺，是一座里程碑。

正是在這一時期，中國的移動互聯網產業開始萌芽並迅速壯大，一舉擺脫了 PC 互聯網時代落後的局面，終於與全球領先企業基本站在了同一起跑線上。

正是在這一時期，中國實現了百年通信史上「零的突破」，在全球高科技領域發出了響亮的「中國聲音」，中國也首次建立了完整的移動通信產業體系。

正是在這一時期，中國從世界高科技的分享者、受益者，首次變身為貢獻者。中國主導的 TDD 模式，因為對頻譜資源的更高效利用、對移動互聯網應用的更靈活支撐，成為全球移動通信技術發展的主流方向。

第五章

驚豔 4G，改變生活

引子

　　如果説 3G 打開了移動互聯世界的大門，那麼 4G 則真正讓我們領略到了移動互聯網令人驚艷的魅力。用手機刷微博、逛淘寶、點外賣、看導航、發朋友圈、下載電視劇……今天這些我們習以為常、司空見慣的生活和工作習慣，即使在 3G 時代也是難以想像的。

　　正是速率比 3G 技術快了幾十倍的 4G 技術，讓小小的手機變得無所不能、神通廣大。也正是得益於移動通信行業在標準、網絡、設備、應用等領域的實力「硬核式」提升，中國移動通信技術及產業實現了從跟隨、模仿到同步世界的歷史性跨越，億萬手機用戶受益匪淺，千萬移動互聯網企業成長壯大。

5.1　4G 上演「三國演義」

2004 年，就在中國百年通信史上第一個擁有自主知識產權的國際標準 —— TD-SCDMA 逐漸在 3G 時代嶄露頭角的同時，國際同行看準「寬帶移動化、移動寬帶化」的大趨勢，已經將目光投向速度更高、應用場景更豐富的「準 4G 技術」與下一代移動通信標準。

通信標準的爭奪，從來就是一個江湖，一個充滿刀光劍影的複雜江湖。

此時，「準 4G 技術」領域，三大門派稱雄，激戰正酣。

WiMAX：IT 界殺來的「黑馬」

對 3G 的挑戰，首先來自 IT 陣營的「黑馬」—— WiMAX。

WiMAX（World Interoperability for Microwave Access，全球微波接入互操作性）是由 IEEE（Institute of Electrical and Electronics Engineers，電氣電子工程師協會）提出的寬帶無線接入技術，是 IEEE 802.16 標準系列的總稱，包含固定和移動兩大類標準。WiMAX 與 WCDMA 等 3G 技術同期出現，由於其率先採用了兩項先進的底層技術 —— OFDM（Orthogonal Frequency Division Multiplexing，正交頻分復用）技術和 MIMO

（Multiple-Input Multiple-Output，多輸入多輸出）技術，其數據傳輸速率數倍於同期其他技術，達到了 ITU 提出的 4G 技術的相關性能指標。而且，WiMAX 還具有傳輸距離遠、擴展性好、服務質量高等優勢，其傳輸距離最遠可以達到 50km，單基站覆蓋範圍是 3G 基站的 10 倍，一般城市只需建設幾個基站就能實現全區域覆蓋。由此，WiMAX 也引發了移動通信領域與 IT 領域兩大技術陣營的對抗賽。

作為寬帶移動化的典型代表技術，WiMAX 在美國的擁躉和主要推動者是以英特爾、思科領銜的 IT 廠商。以英特爾為首的 IT 大鱷試圖通過 WiMAX 進入移動通信領域，因此對 WiMAX 的推廣不遺餘力。英特爾藉助在筆記本終端領域無人可比的市場優勢，首推「所有應用英特爾芯片的筆記本都預裝 WiMAX」的戰術，鋪平了 WiMAX 進入消費者終端的道路。2004 年，WiMAX 相關標準化工作進展迅速，產業化勢頭相當迅猛，相繼在美國芝加哥、巴爾的摩、達拉斯建起了三張網絡。

美國創新和製造能力非常強，但是其本國市場難以滿足產業擴張的胃口，因此，美國素來推行的是「以 IT 技術和產品攻佔全球市場」的戰略。正是基於這一國家戰略，美國政府竭力支持 WiMAX 開疆拓土，向全球推廣。

　　WiMAX 這一匹從 IT 業殺入通信業的「黑馬」，給原本已有多種標準共存的移動通信市場帶來了強烈衝擊，尤其對以傳統電信運營商、設備製造商和其他通信企業為主組成的 3GPP 帶來了實質性的影響。

LTE：「準 4G」迎風而上

　　WiMAX 的洶洶來勢，給歐洲主導的傳統通信行業帶來了前所未有的挑戰，更引起了此前佔領統治地位的行業技術標準聯盟 3GPP 的警覺。

　　3GPP 作為全球最成功的移動通信標準 GSM 和 WCDMA 標準的制定者，此前，總是以「一直被追趕，從未被超越」的從容心態，按部就班地推進着 3G 標準的升級工作。WiMAX 的闖入打亂了 3GPP 的節奏，使其意識到必須儘快建立一個符合「寬帶移動化、移動寬帶化」要求的新標準，來與 WiMAX 抗衡！

　　2004 年 12 月，3GPP 正式設立了 LTE 項目，即 Long Term Evolution，直譯就是「長期演進」。因為當時大家都認為，3G 搞了 15 年才初見成效，未來 3G 還會在很長一段時間裏存在並發揮作用，所以當時並未把創新的方向和目標明確地命名為 4G，而是稱其為 3G「長期演進」。

　　LTE 由歐洲主導，它沿着 GSM、WCDMA 的路線演進而來，同時吸取 WiMAX 技術的優勢，採用了 OFDM 和 MIMO 等關鍵技術。名義上，LTE 是 3G 的演進，但事實上，它對 3GPP 整個體系架構進行了顛覆性的變革，逐步趨近於典型的寬帶 IP 網絡結構。

　　3GPP 提出的 LTE 主要性能目標包括：在 20MHz 頻譜帶寬能夠提供下行 100Mbit/s、上行 50Mbit/s 的峰值速率；改善小區邊緣用戶的性能；提高小區容量；降低系統延遲，用戶平面內部單向傳輸時延低於 5ms；支持 100km 半徑的小區覆蓋；能夠為 350km/h 高速移動用戶提供大於 100kbit/s 的接入服務；支持成對或非成對頻譜，並可靈活配置 1.25～20MHz 多種帶寬。

　　如此一來，與 3G 相比，LTE 標準中的網絡峰值速率、傳輸時延、同時在線用戶數等系統性能有了極大的提升，幾乎與 ITU 提出的 4G 技術要求相當。因此，後來歐美、日韓等國的企業商業運營時，直接將 LTE 稱為 4G 技術。

三雄逐鹿，提速 4G 進程

　　在 3GPP 推出 LTE 的同時，3GPP2 則推出了 UMB（Ultra Mobile Broadband，超移動寬帶）標準。與 LTE 的演進路線

類似，同樣流淌着通信業血液的 UMB 沿着 cdma2000 系列標準演進而來。同 LTE 一樣，UMB 也採用了 OFDM/OFDMA（Orthogonal Frequency Division Multiple Access，正交頻分多址）技術作為物理層的核心技術，不同的是 LTE 不再支持 CDMA，而以擁有 CDMA 基礎技術知識產權的高通為主導的 UMB 陣營，為了保持良好的兼容性，仍然支持在總帶寬中分出一部分帶寬來支持 CDMA。

由於技術標準的演進關係到每個產業環節的切身利益，對抗與融合成為每部標準化「大片」的必備橋段。在各方技術力量、市場利益的博弈下，「準 4G」三國 —— WiMAX、LTE 和 UMB 很快不宣而戰。

2005 — 2007 年，以愛立信等歐洲廠商為代表的 LTE 陣營、高通領銜的 UMB 陣營、英特爾鼎力支持的 WiMAX 陣營展開了激烈的標準競賽。

早在 2005 年，WiMAX 就發佈了相關的標準，不僅有英特爾等 IT 廠商的力挺，而且還吸引了通信陣營一些廠商的加盟和支持。2006 年，北電網絡宣佈將其 3G 業務出售給阿爾卡特，並全面向 WiMAX 技術轉型。隨着 GSM 市場競爭的不斷加劇，摩托羅拉受到全球 CDMA 市場萎縮的影響，也於 2006 年宣佈將重點研究 WiMAX 等下一代無線通信技術。英特爾更

是全力押寶，將 WiMAX 作為進軍通信領域的一把利器，並積極在全球部署 WiMAX 試驗網。

為了加快推進 WiMAX，英特爾等廠商不惜重金在歐洲競拍頻譜，特別是 2.6GHz 的頻譜，並在 2007 年世界無線電通信大會上全力推動，最終統一了全球 TDD 頻譜。到 2007 年底，WiMAX 已在全球多個國家和地區搭建了數百張網絡，可謂發展得順風順水。

美國 WiMAX 的一路高歌猛進給歐洲 LTE 陣營帶來了極大的壓力。為了追趕 WiMAX 的步伐，LTE 陣營也制定了相當激進的標準化時間表，整個工作計劃被壓縮在兩年半內完成。但事實證明，即使全力以赴，該計劃也難以實現。LTE 研究階段原定於 2006 年 6 月完成，最終延遲了三個月；工作階段原定於 2007 年 6 月完成，最終推遲到當年年底。

同期，UMB 標準的步伐卻十分穩健。3GPP2 於 2007 年 4 月發佈了 UMB 標準的 1.0 版本，隨後於當年 8 月發佈了 2.0 版本。

時任中國移動總經理的王建宙在一次國際會議上曾經幽默地說「LTE」應當改為「STE」，引起全場會心大笑。從「Long Term Evolution」到「Short Term Evolution」，「長」與「短」一字之差形象地反映了當時全球 4G 箭在弦上的態勢。

5.2　標準背後的博弈

2005 年底至 2007 年初，「三雄逐鹿」結果初見端倪，隸屬 UMB 演進路線的 CDMA 陣營出現了數家運營商的「逃離」——分別轉投 WiMAX 和 LTE。由此，UMB 最先出局，4G 技術競爭舞台形成了 LTE 和 WiMAX 兩強對決的競爭態勢。

群雄並舉，劍拔弩張。面對 4G 技術的激烈角逐，剛剛涉足 3G 產業化進程的中國通信行業怎麼辦？

超前的戰略抉擇

「標準之路，從來不易，特別是在以通信技術為代表的高科技領域。當時，我們是喜憂參半。」一位標準專家如是感歎。喜的是，LTE 和 WiMAX 的兩強相爭中，中國擁有自主知識產權的相關 TDD 技術成為兩大陣營角逐的一個交匯點；憂的是，兩強的擴張迅速擠壓了中國 TDD 技術演進的上升空間。

3G 時代，全球寬帶移動通信包含 FDD（Frequency Division Duplex，頻分雙工）和 TDD 兩種各有優勢的制式。其中，TDD 技術可在非對稱、零散的頻譜上使用，在頻譜

稀缺的時代，前景看好。中國 TD-SCDMA 標準就屬於 TDD
制式。

　　美國主導的 WiMAX 採用的也是 TDD 制式，其標準一
形成，就在全球大舉收購 TDD 非對稱頻譜，並在 2007 年統
一了全球 TDD 頻譜。歐洲的 3GPP 也看到了 TDD 的全球前
景，在其主導的 LTE 中規劃了相互融通的 LTE FDD 和 LTE
TDD 兩種制式。

　　其時，中國 TD-SCDMA 產業化專項測試才剛剛得出 TD-
SCDMA 可以大規模獨立組網的結論。明顯的差距下，一種低
落的情緒彌漫在中國通信行業中，數種聲音爭論不休。一些已
經投資 TD 3G 研發的企業擔心啟動 4G 會讓其 3G 投入難以回
收，主張先集中精力搞好 TD 3G 的研發推廣；而在 TD 3G 標
準競爭中一路打拚過來的大唐電信則認為，如果不提前佈局
TD 4G，TD 3G 就沒有未來，因此早在 2005 年初就由大唐電
信的王映民博士帶領團隊開展了 TD 4G 方案的研究。

　　在當時的行業主管部門——信息產業部看來，誰的利益
都不重要，最重要的是國家的長遠利益最大化！時任信息產業
部副部長的奚國華意識到，嚴峻的現實要求中國通信行業必須
兵分兩路，在繼續推進 TD 3G 的同時，立即啟動 TD 4G 的規
劃部署。隨後，信息產業部科技司、電信研究院、大唐電信以

及中國移動等產業各方展開深入研究。

2007 年 3 月，在組織 TD-SCDMA 擴大規模試驗的同時，信息產業部拍板成立 4G 推進組，由信息產業部電信研究院副院長曹淑敏擔任組長，中國移動研究院副院長王曉雲擔任副組長。

由此，中國 4G 戰略正式啟動！

我是「備胎」

能否正確認識並把握全球重大技術機遇，將直接影響中國通信行業未來 10 年甚至更長遠的發展格局。當年，是選擇 GSM 還是選擇 CDMA 的抉擇如此；如今，把握 TD-SCDMA 的未來演進路線也是如此。

面對兩強陣營的對壘之勢，在 3G 時代已處於明顯弱勢的 TD-SCDMA 技術，獨樹一幟已無可能。TD-SCDMA 的演進之路只剩下兩種選擇：一是加盟 LTE 陣營，並主導其 TDD 標準；二是聯合同屬於 TDD 技術範疇的 WiMAX 陣營，實現基於 TD-SCDMA 的繼續演進發展。

其實，早在兩大陣營形成之初的 2005 年，TD-SCDMA 標準的主導企業大唐電信就在 3GPP 的技術大會上提出了繼承 TD-SCDMA 幀結構和智能天線等特色技術的 LTE TDD 方

案。但是，這一倡議沒有得到 3GPP 陣營的響應和重視，該陣營一開始就支持另一種「與 3GPP 的 FDD 方案差異最小化」的 LTE TDD 方案。該方案的特點是 FDD 負責廣域覆蓋，TDD 做熱點地區補充，這實際上扼殺了 TDD 獨立規模組網的可能，反而對 WCDMA 陣營平滑佔領更大的 LTE 市場更為有利。

儘管中國相關企業和機構做出了巨大努力，但在 2005 年第四季度召開的 3GPP 會議中，大唐電信提出的「TD-SCDMA 演進」LTE TDD 方案僅僅爭取到與「差異最小化」兩方案並存的結果。而且，在形成文件時，3GPP 仍堅持把歐洲廠商提出的「差異最小化」方案命名為主導的 A 方案，將大唐電信等提出的 LTE TDD 方案命名為備選的 B 方案。

在中國代表的強烈反對下，兩種 LTE TDD 方案被分別改稱為 Type1（模式 1）和 Type2（模式 2）。雖然中國方案由「B 方案」改名為「模式 2」，但其從屬、備選的地位沒有變化。

積極謀求多方合作

就在中國艱難抉擇之時，WiMAX 陣營向中國這個全球最大的移動通信市場發出了積極信號。中國政府主導的 4G 推進組成立後不久，英特爾高層隨即到訪信息產業部，希望在中國

分配給 TD-SCDMA 的頻段開展 WiMAX 試驗。

當時，美國的 WiMAX 和歐洲的 LTE 兩強相爭。在力量對比上，基於 IT 的 WiMAX 有技術優勢，基於 CT 的 LTE 有市場優勢。而中國擁有全球最大的移動通信市場，如果支持 WiMAX，在市場上 IT 陣營將取得優勢；如果支持 LTE，CT 陣營則將佔上風。

中國市場籌碼的分量舉足輕重！

當時，中國正在艱苦推進 TD-SCDMA，如果在 WiMAX 網絡的 802.16m 標準中加入 TD-SCDMA 核心技術，實現 802.16m 與 TD-SCDMA 的兼容，無疑也是一個選擇。英特爾高管的到訪對中國而言，是一次重要的機會。

談判總是從利益的焦點切入。WiMAX 標準組織在 802.16m 標準中的一項建議成為雙方合作的一大障礙——「實現 802.16m 對 802.16e 的雙向兼容」。這項提議直接切斷了 TD-SCDMA 向 WiMAX 技術演進的可能。信息產業部科技司提出，如果美方同意在 802.16m 標準中刪除該建議，將 TD-SCDMA 納入，中國將歡迎英特爾在中國使用 TD-SCDMA 的頻段建設 WiMAX 試驗網。會談氣氛十分友好，雙方達成初步共識，信息產業部科技司迅速組織相關專家開展技術準備工作。

　　在 2007 年的全國信息產業工作會議上，信息產業部部長王旭東明確要求，「中國 3G 與 WiMAX 的關係作為關係產業發展全局的重大問題之一，要抓緊進行深入研究」。

　　就在中國熱情而真誠地探索與 WiMAX 的合作之時，在美國舊金山召開的 IEEE 會議卻給參會的中國專家當頭澆了一盆冷水。

　　會上，中國的提議，除一位英特爾的工程師支持外，無人響應！此後，在 ITU 的一次會議上，WiMAX 聯盟的代表突然單方面發佈了他們的演進方案。這意味着，WiMAX 聯盟正面否定了中國的建議。

　　但是，事關中國 4G 標準的前途，中國主管部門此時並沒有輕言放棄，而是繼續秉着開放合作的態度，積極與 WiMAX 陣營謀求共識。

　　2007 年 6 月，信息產業部派科技司司長聞庫去美國哈佛大學進修。聞庫特意提前一天到舊金山登門拜訪，和英特爾負責 WiMAX 的核心人物再次談判。英特爾對已有方案非常堅持，但中國的底線不容突破。

　　一個月後，時任信息產業部副部長的奚國華率團出訪美國，參加中美電信合作高層論壇。其間，他特意從美國東海岸飛到西海岸，再次和英特爾、摩托羅拉的高層進行深入

商談。從晚上 10 點到次日凌晨 4 點，談判膠着地進行着，WiMAX 並未計劃要給 TD-SCDMA 留出發展空間。

最終，TD-SCDMA 與 WiMAX 的融合發展之路提前結束。

WiMAX 所屬 IT 陣營的固執斷送了一次可能的合作機會。失去了擁有巨大市場的中國這一合作夥伴，加之與隸屬 CT 陣營的芯片巨頭高通談判失敗，WiMAX 的產業鏈風雨飄搖，最終被市場逼入絕境。2009 年，全力押寶 WiMAX 的北電網絡申請破產。2010 年，英特爾宣佈解散 WiMAX 部門。2011 年，全球最大的 WiMAX 運營商——美國 Clearwire 公司宣佈，與中國移動合作，共同推進基於 TD-LTE 的產品服務。很快，全球 400 多家 WiMAX 運營商全部倒向採用 TDD 制式的 TD-LTE 陣營，WiMAX 陣營幾乎曲終人散。

這是一次全球 CT 陣營與 IT 陣營的正面交鋒，更具合作意識和產業協同理念的 CT 陣營初步勝出。從此，以提供電信服務起家的 CT 產業界開始以更加開放的態度，積極吸取各種先進理念與技術，真正走向 ICT 融合發展之路。

融合是方向

雞蛋不能放在同一個籃子裏。在與 WiMAX 陣營探索合作可能的同時，中國並未放棄與 LTE 陣營的合作。

　　其時，全球 LTE 陣營與 WiMAX 陣營的力量對比明顯失衡。不僅北電網絡、摩托羅拉加盟 WiMAX，諾基亞、西門子、阿爾卡特 - 朗訊、三星等公司也開始參與 WiMAX 的研發，LTE 陣營面臨集體危機，中國市場的重要性再次凸顯。

　　2007 年 3 月，主導 LTE 標準的愛立信公司派高管到訪大唐電信；9 月，大唐電信回訪。幾番深入溝通，雙方承諾均不加入 WiMAX 陣營，並在推進 3GPP 的 LTE 標準、ITU 的 IMT-Advanced 標準上開展合作，成立「大唐 - 愛立信 LTE 聯合研究中心」。隨後，愛立信正式向中國伸出橄欖枝，表示只要中國的 LTE TDD 方案在幀結構上與其 LTE FDD 實現融合，愛立信將支持 TD 4G 方案成為 LTE TDD 的唯一方案。

　　經過縝密思考，信息產業部決策層達成共識：從技術方向上來看，通信標準全球化是方向，統一兩種制式的幀結構有利於長遠融合創新；從策略上來看，在非原則性問題上做出讓步，加入 LTE 陣營，主導其中的 TDD 制式標準，有利於 TD-SCDMA 的持續演進發展。基於這一判斷，中國 4G 推進組經過研究，最終形成「以融求進」的策略。

　　以融求進，目標是進，方式是融，其間難免需要一定的付出與妥協。

　　2007 年 10 月底的一個傍晚，信息產業部一間會議室裏傳

來激烈的爭論聲。來自信息產業部電信研究院、大唐電信、中興、華為、普天及中國移動、中國電信、中國聯通等產業各方的技術專家就幀結構融合的三種方案正在激辯。

與 LTE 陣營的合作談判中，中國標準的幀結構面臨三種不同的選擇方案：方案一，堅持已淪為「備胎」的 Type2 幀結構，不做改變；方案二，對原有 Type2 幀結構中的三個特殊時隙進行改進；方案三，在保留 TD-SCDMA 平滑升級和智能天線等技術優勢和特點的基礎上，將原有 Type2 幀結構的時隙分配向 LTE FDD 靠攏。當時，由於世界無線電通信大會和 3GPP 相關會議召開在即，中國必須儘快確定 4G 的抉擇方案。

大唐電信的代表謝永斌依然堅持方案一，而其他與會成員則逐漸傾向於方案三。可以理解，作為 TD-SCDMA 標準的首創者，每一項關於 TD-SCDMA 和智能天線等技術的專利都凝聚了大唐電信研發人員的諸多心血，每一項都難以割捨。

但是，信息產業部科技司司長聞庫對此卻有更高層次的思考。方案三看似退讓，但實際上只是一種格式約定的調整，是面向國際主流的融合。這樣做，可以藉助 FDD 產業鏈的優勢，壯大整個 LTE 產業鏈，實現 LTE TDD 與 LTE FDD 的業務融合、同步發展，更有利於中國標準走向國際化，也有利於移動通信網絡長遠融合發展。如果堅持方案一，全球支持

者寥寥無幾，很可能在 3GPP 討論中被 Type1「吃掉」，滿盤皆輸。

膠着中，聞庫打破了僵局：「永斌，採用方案三，你真正的金子丟了沒？別糾結那些表面的東西。」謝永斌沉默了一下，「金子沒丟，但銀子變少了。」他主要指一些專利會變化。「金子還在就好！至於專利，我們可作為交換的條件，在談判中爭取多保留。」

最終，從國家利益最大化的角度，以融合為最大特徵的「方案三」獲得各方一致同意。但為了保護中國已有的知識產權，作為交換條件，中國明確要求對方強勢企業必須接納中方擁有的知識產權核心技術。

融合不是無原則的忍讓，在順應融合趨勢的同時，中國通信人十分重視談判的技巧和博弈的把控，這群「技術宅」還玩了一個小心思：與會各方代表嚴格保密會議討論的結果，雖然會議已形成「爭取方案二，可以有條件討論方案三」的意見，但他們卻向外界放出中國「堅持方案一，可以討論方案二」的口風。

2007 年 11 月，信息產業部副部長奚國華率中國代表團出席在瑞士舉行的世界無線電通信大會並訪問歐洲，其間與愛立信高層祕密會談，中國「以融求進」的 LTE TDD 方案得到了

愛立信的全面認同。經過各方積極努力，當年 11 月底召開的
3GPP 專題會上，「方案三」成為 LTE 陣營 TDD 模式的唯一
技術方案！

然而，標準之路從來都不是一帆風順的。

2008 年，在迪拜召開的 ITU-R 5D 第二次會議上、在
3GPP RAN1 第 52 次會議上……中國 4G 技術的國際標準化進
程連續遭遇相關利益陣營的強烈反撲。

這是一場鬥智鬥勇的殘酷戰鬥，這是一場不進則退的生
死爭奪。

在國際舞台上，來自中國移動、電信研究院、大唐電
信、華為、中興等中國代表抱團出擊，據理力爭，幾經波
折，難以盡述。

終於，2008 年 12 月，3GPP RAN 正式宣佈 LTE Release 8
凍結。至此，LTE TDD 順利完成了幀結構融合的所有工作，
並與 LTE FDD 同步完成了標準的制定。隨後，聞庫提議將
LTE TDD 更名為 TD-LTE，明確其 TD-SCDMA 後續演進技術
的地位，這一想法得到工信部黨組的認同，進一步彰顯了中國
主導 TD-LTE 技術的大勢。

隨後，中國企業披荊斬棘，連續在 4G 標準化進程中成功
實施一系列關鍵項目，為 TD-LTE 最終入選全球標準奠定了堅

實基礎。其間，中國培養出大批技術骨幹和標準化專家，如中國移動的唐海當選 3GPP RAN 副主席，中國移動的張大偉和華為的陳翔先後當選 3GPP RAN4 副主席。同時，中國企業主導 TD-LTE 國際標準，累計提交文稿 27878 篇，主導標準化項目從不足 1/10 到近半數，中國成為全球移動通信領域標準化的主導力量。

華山論劍

2009 年 10 月，正當國內 3G 建設如火如荼之際，另一場決定中國 4G 命運的較量已在國外悄然展開。

德國，德累斯頓，ITU-R WP5D 工作組第 6 次會議正在進行中。

這是 IMT-Advanced 候選技術提案截止後召開的第一次會議，重點討論的是 IMT-Advanced 候選技術和移動通信頻譜規劃。此次會議對決定未來全球 4G 技術的走向和市場格局具有重大意義，影響深遠。會議吸引了來自 33 個國家和 36 家企業的 218 名代表參加。中國政府對此次會議非常重視，派出了由聞庫帶隊，工信部科技司、電信研究院、無線電監測中心、中國移動、華為、中興、大唐電信等單位 30 名代表組成的代表團。

ITU 大會的會議室中，有關 4G 國際標準候選技術的討論熱烈而緊張，中國代表團每個成員的神經都緊繃着。中國提交的具有自主知識產權的 TD-LTE-Advanced 技術方案與來自 TTA（韓國電信技術協會）、3GPP、IEEE 等組織的其他 5 項方案展開激烈角逐。6 項提案包含了 LTE-Advanced（包括 TDD 和 FDD 兩種制式）和 802.16m 兩大類技術方案。

中國主導的具有自主知識產權的 TD-LTE-Advanced，作為 LTE-Advanced 技術的 TDD 分支，獲得了國際通信標準化組織 3GPP 和國際通信企業的廣泛認可和支持。當時，由中國提交的 LTE-Advanced TDD 文稿數佔 LTE-Advanced TDD 文稿總數的近 50%，中國提交的 LTE-Advanced FDD 文稿數也超過了 LTE-Advanced FDD 文稿總數的 10%。

經過連續磋商與博弈，LTE-Advanced 和 802.16m 成功勝出。中國代表團沸騰了！4G 時代，中國再次邁出了決定性的一步。

此後，14 個獨立的評估組展開了嚴格的技術評估、試驗驗證、評審遴選工作，並在 2010 年 2 月和 6 月召開了兩次商討會議。

2010 年 10 月，在重慶舉行的 ITU 會議正式確定了 4G（IMT-Advanced）國際標準，TD-LTE-Advanced 被接納為 4G

2010 年 10 月，在重慶舉行的 ITU 會議正式確定了 4G（IMT-Advanced）
國際標準，TD-LTE-Advanced 被接納為 4G 技術

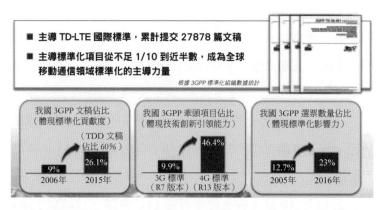

從主導標準化項目不足 1/10 到近半數，中國成為全球移動通信領域標準化
的主導力量

技術。2012 年 1 月，在世界無線電通信大會上，TD-LTE-Advanced 被正式確立為 4G 國際標準。從此，TD-LTE 終於成為繼 TD-SCDMA 之後中國主導的又一個國際通信標準！

5.3　前所未有的速度

作為中國主導的 4G 標準，TD-LTE 從誕生之日起就得到了中國政府、國內運營商和製造商的廣泛關注和大力支持，並因其具有頻譜利用率高等技術優勢，獲得了國外運營商和製造商的認可。TD-LTE 成功標準化之後，最考驗中國主導的這一移動通信標準的商用化挑戰迎面而來。

全速前進

加速，加速，再加速，這是中國 4G 技術商用化的關鍵詞。

2012 年 2 月，啟動 TD-LTE 第二階段規模試驗；3 月，杭州 B1 公交開放 TD-LTE 數據體驗；4 月，中國移動（香港）公司開通 LTE FDD 服務；5 月，廣州、深圳、南京、北京同時開啟 TD-LTE 高速體驗；6 月，香港 LTE FDD 網絡與內地 TD-LTE 網絡成功實現雙向漫遊；10 月，工信部發佈《工業和信息化部關於國際移動通信系統（IMT）頻率規劃事宜的通

知》，確定 2500～2690MHz 頻段為 TDD 方式的 IMT 系統工作
頻率。

當時，全球 LTE 商用進程不斷加快，中國 TD-LTE 規模
試驗全面推進，TD-LTE 正處於產業化、商用化、國際化的關
鍵階段。中國明確將 2500～2690MHz 頻段規劃為 TDD 方式
的 IMT 系統工作頻率，使得 TD-LTE 獲得了 2.6GHz 頻段共
190MHz 帶寬的全頻段頻譜資源。此項頻率規劃的適時出台，
不僅有利於指導 TD-LTE 設備製造商和運營商開展設備研發、
網絡測試、網絡規劃等工作，有效地推進 TD-LTE 產業化、商
用化進程，而且能夠充分顯示中國在全球 TD-LTE 發展進程中
的引領和示範作用，對提振產業信心、促進中國移動通信網絡
持續演進發展具有十分重要的意義。

從終端到系統，從網絡規劃到網絡優化，從多模協同到
室內覆蓋，產業各方在加速再加速的同時，也時刻關注 TD-
LTE 建設的每一個細節，積極合作、大膽探索，務實地推動
TD-LTE 穩步走向商用。

作為 TD-LTE 建設的領軍者，中國移動在 TD-LTE 的商
用化發展中發揮着至關重要的作用。從上海世博會到廣州亞運
會，再到深圳大運會，TD-LTE 屢屢成為會場內外最引人矚目
的「科技明星」，不僅因為這是中國主導的 4G 技術，更是因

為其出色的技術優勢和精彩的業務展示，進一步提振了整個產業推進自主創新的信心。

2012 年 10 月，中國移動正式向各大設備製造商通報了 TD-LTE 擴大規模試驗網工程的招投標結果，華為、中興、上海貝爾、大唐移動、愛立信、諾西、普天、新郵通和烽火移動九大廠商均有斬獲，拉開了 TD-LTE 擴大規模試驗網工程的序幕。

在全球產業的共同推動下，TD-LTE 已經構建起全球產業廣泛參與、產品高度成熟的端到端完備產業鏈。網絡系統方面已經相當成熟，全球移動通信系統廠家幾乎都同時支持 LTE FDD 和 TD-LTE。在被視為瓶頸的終端、芯片領域，TD-LTE 也取得了重大突破。截至 2013 年 3 月底，全球已推出 166 款支持 TD-LTE 的終端，包括 41 款數據卡、86 款 CPE/Mobile Hotspot、3 款平板電腦、18 款模塊以及 18 款智能手機。對比當初 TD-SCDMA 門可羅雀的艱難情形，TD-LTE 的「朋友圈」可活躍多了。

一切，都在有條不紊地進行着。

4G 元年開啟，中國技術贏得先機

2013 年第一季度，全球已有 67 個國家的 150 家運營商

推出了商用 LTE 服務，當年年底 LTE 商用網絡總數超過 250
個，全球已進入 4G 網絡部署的關鍵節點期。

　　儘管中國主導的 TD-LTE 技術引發了全球運營商的關
注，商用化進程不斷提速，但國際運營商巨頭們仍在觀望。他
們坦言，中國的市場規模對他們是否採用和啟動 TD-LTE 影響
很大。來自中興、華為等設備製造企業的數據顯示，中國廠商
幾乎參與了全球所有的 TD-LTE 試商用和商用的網絡建設，成
為 TD-LTE 全球化發展的主要推動力量，TD-LTE 也由此成為
移動互聯網時代拉動中國通信行業發展的重要引擎。中國有必
要儘快啟動商用進程，全力加快 TD-LTE 在國際和國內兩個市
場的規模發展。

　　那一天終於來了！

　　2013 年 12 月 4 日，工信部本着「客觀、及時、透明和非
歧視」原則，向中國移動、中國電信和中國聯通頒發「LTE/
第四代數字蜂窩移動通信業務（TD-LTE）」經營許可。

　　中國正式邁入 4G 時代！

　　在發放 4G 牌照的同時，工信部取消了對中國移動固定業
務經營的限制，允許其進入固定寬帶網絡市場，以進一步增強
中國寬帶發展的推動力，促進信息消費，並營造融合發展、全
業務競爭的市場環境，更好地惠及廣大用戶。

消息一出，社會各界奔走相告，這是大家期盼已久的大事。現在，回望 2013 年移動通信行業的大事，不難發現，當年年底頒發 4G 牌照是有跡可循的——

2013 年 1 月，中國移動就在全年工作會上宣稱「今年 TD-LTE 有望進入商用元年」，給當時波瀾不驚的行業注入了一股強勁的動力。

2 月，中國移動在浙江杭州、溫州推出 4G 業務全面試商用，月底又在巴塞羅那召開的世界移動通信大會上重磅發佈了 TD-LTE「雙百」計劃，幾番大手筆驚動業界。

3 月，全國兩會的召開將社會對 4G 的關注推向高潮。業內外的代表委員紛紛就 4G 發展事宜建言獻策，有關 4G 牌照發放進度的媒體報道鋪天蓋地。「中國在 4G 技術的研發上已取得很大突破，4G 牌照估計年內可以發放。」這是工信部部長苗圩在青海代表團駐地的表態。一石激起千層浪，「5·17」發牌的猜測四起。

5 月，4G 牌照雖未如傳聞那般發放，但這絲毫沒有影響業界對 4G 發展的關注。於 6 月啟動的中國移動 200 億元的 TD-LTE 設備招標讓產業鏈相關方按捺不住激動的心，一場有關「D 頻段」（2575～2635MHz，業內常稱 2.6GHz 頻段）還是「F 頻段」（1880～1920MHz，業內常稱 1.9GHz 頻段）的爭論

沸沸揚揚。

6 月，TD-LTE「登上」珠穆朗瑪峰，中國移動正式發佈 VoLTE 技術白皮書，明確將於 2014 年實現全國 VoLTE 商用。時任工信部副部長的尚冰（後任中國移動董事長）再次表態：「中國政府將秉承開放合作的態度，堅決、全力支持 TD-LTE 產業發展。」

歷經上半年的異彩紛呈、跌宕起伏，社會各界終於在 7 月盼到了答案：國務院總理李克強在國務院常務會議上提出，實施「寬帶中國」戰略，推動年內發放 4G 牌照。此後，國務院在 8 月發佈的信息消費政策中，又重申了年內發放 4G 牌照的承諾。

12 月 4 日，4G 牌照千呼萬喚始出來，三大電信運營商同時擔起了中國自主 4G 技術 —— TD-LTE 的發展重任，中國 4G 元年正式開啟。

為何那時的社會對 4G 如此關注？為何發牌讓社會各界皆大歡喜？為何工信部發放牌照後，前所未有地發佈了 3000 餘字的解讀？

因為當時 4G 的影響實在太廣、太大。4G 猶如「阿基米德支點」，在全產業鏈的撬動下，將給消費者帶來全新的信息生活，開拓 ICT 行業新的上行空間，帶動其他行業轉型升

級，引爆數萬億元的信息消費市場。

對消費者而言，4G 商用後，速度提升了，流量增加了，但資費降低了，用手機連接世界更快、更爽、更實惠了。發牌後，中國移動在部分地區發佈的 4G 資費套餐顯示，流量資費普遍比 3G 流量資費低 20% 以上。

對運營商而言，國際 4G 發展風起雲湧，在無線寬帶技術革命的浪潮中，不進則退。作為中國主導的 4G 技術，TD-LTE 面臨難得的戰略發展機遇，中國移動已「快人一步」，收穫頗豐。中國電信、中國聯通在建設 TD-LTE 網絡的同時，也展開了 LTE FDD 試驗網建設，「天翼 4G」「沃 4G」品牌紛紛推出，行業打開了新的上行空間。

對設備商、終端製造商等產業鏈各方而言，4G 系統設備、智能終端的更新換代，帶領各方邁入新的創富時代，引發全產業創新鏈的群體突破。

對移動互聯網企業而言，更寬廣的「路」帶來無限可能，又一個「淘金」之門開啟。騰訊董事會主席兼首席執行官馬化騰評論道：「4G 的到來，對所有互聯網公司，尤其是移動互聯網產品是非常好的促進，包括街景地圖和視頻在內的產品將會變得非常好用。」

中國 4G 牌照提速發放，尤其是優先發放 TD-LTE 牌照，

彰顯了中國打造自主技術、建設創新型國家的強烈信心，更體現了中國拉動信息消費、推進經濟轉型升級的堅定決心。

數據顯示，2013 年，中國三大電信運營商對 4G 的投資就超過了 600 億元。2013—2014 年，國內 4G 網絡建設投資超過 2000 億元，帶動了近萬億元的產品銷售，形成了數萬億元的信息消費市場。

「小一歲」的 LTE FDD 牌照

2015 年 2 月 27 日，4G（TD-LTE）牌照發放一年以後，工信部正式向中國電信、中國聯通發放「LTE/ 第四代數字蜂窩移動通信業務（LTE FDD）」經營許可。

前文已有提及，LTE FDD 是當時全球最主流、最成熟的 4G LTE 通信標準，中國電信和中國聯通 3G 網絡的升級方向就是 LTE FDD。2014 年 6 月 27 日，中國電信、中國聯通取得國內 LTE FDD 和 TD-LTE 混合組網的牌照，分別在 16 個城市開展首批 FDD+TD 混合組網試驗，當年後續又分別增至在 56 個城市開展試驗。

對於中國電信、中國聯通而言，4G（LTE FDD）牌照來得有些晚。此時，中國移動的 4G（TD-LTE）規模已經相當可觀：用戶數於 2015 年 1 月突破 1 億戶，4G 基站數達 70 萬

個，而且還在持續快速增長，7 月突破 2 億戶，12 月突破 3
億戶，全年新增 4G 用戶 2 億餘戶，平均每分鐘發展 400 多個
4G 用戶。

面對中國移動勢如破竹的發展勢頭，此次牌照發放猶如
發令槍，中國電信、中國聯通蓄勢已久，全力衝刺，加入 4G
網建大軍。

誰的網絡覆蓋更廣，誰的網絡速度更快，誰的應用體驗
更好，誰就能贏得用戶的青睞！一場網絡建設、應用創新、服
務創優的 4G 競賽在神州大地開啟。

5.4　建成全球最大的 4G 網絡

2013 年 12 月 18 日，4G（TD-LTE）牌照發放後僅兩周，
中國移動董事長奚國華宣佈：中國移動 2014 年將建成 4G 基
站 50 萬個，在國內 340 個城市推出 4G 商用服務，發展 4G 用
戶 5000 萬戶，銷售 TD-LTE 終端超過 1 億部。

這能做到嗎？來自各界的質疑聲此起彼伏。僅看數據，
一年 5000 萬戶，這樣的發展速度，不僅在中國，在世界通信
史上都不曾出現過。

這是一場硬仗！成功，中國創新將闊步前行；失敗，中

國創新將信譽掃地。

一年的約定很快到來。

2014 年 12 月，4G 牌照發放一周年之際，中國移動建成了全球最大的 4G 網絡，4G 基站數突破 70 萬個，佔全球 4G 基站總數的 60%，4G 用戶數突破 9000 萬。當時，在全球通信史上，這樣的網絡規模、建設速度、發展態勢，均史無前例。

隨着中國電信、中國聯通的發力，時至今日，全球最大的 4G 網絡的紀錄一直被中國所保持。截至 2019 年 5 月，中國 4G 基站超過 400 萬個，發展 4G 用戶 12.2 億戶，其中選擇中國主導的 4G 技術 —— TD-LTE 的用戶約 7.3 億戶，中國移動寬帶網絡覆蓋規模和用戶規模雙雙躍居世界第一，中國的 4G 技術成為全球用戶數增長最快的 4G 技術。

這樣的成就得來相當不易。

4G 網絡建設上演「速度與激情」

2009 年，3G 網絡在中國剛剛商用時，3G 在全球已經發展了近 10 年的時間。4 年後，4G 牌照發放時，中國通信人必須面對這樣的現實：3G 網絡基礎薄弱，2G、3G、4G、WLAN「四世同堂」，建設資金緊張，建設場景複雜……可謂困難重重。

3G 落後的局面在 4G 時代能不能被扭轉？彼時，中國通信人團結一心、目標一致：超常規建設，只爭朝夕。

中國電信、中國移動、中國聯通，三個「國」字頭的電信運營商不約而同地將 4G 網絡建設列為「一號工程」，一場 4G 大會戰在全國各地陸續打響。

工作日與休息日的界限模糊了，「5+2」「白＋黑」成為 4G 網絡建設者的常態；各司其職的專業區隔融合了，多個跨專業工作組在建設一線協同推進；半夜兩點的地鐵涵洞中，工程建設者爭分奪秒地佈線施工；海拔 5200m 的珠峰大本營，高原缺氧沒有阻擋住建設者的腳步，4G 信號「登上」世界最高峰；東北高寒地區，冬季不施工的慣例被打破了，冰天雪地中是建設者科學攻堅的頑強身影……

「莫東紅開州路一號站」是河南移動首個以員工名字命名的基站。莫東紅，4G 網絡建設標兵，大會戰時期，他的工作可以用兩句話概括：白天磨嘴皮子，晚上熬眼皮子。「一般都是早晨 7 點就出門，晚上 10 點還回不了家，加班更是常事。工程巡查每天要在各個基站建設工地間跑 150 公里左右，施工期間最北邊和最南邊兩個基站同時開工，兩個基站距離 90 公里，那段時間每天行車路程就將近 300 公里。」

哪裏有用戶，哪裏就有 4G 網絡建設者的身影。一份來自

中國移動的數據顯示，僅 2014 年一年，該公司就建設了約 70 萬個 4G 基站，佔全球 4G 基站總數的 60%，網絡建設規模相當於 3G 網絡 6 年、2G 網絡 20 年的建設規模。

就是這樣，匯涓成海，聚沙成丘，中國的 4G 網絡從無到有、從弱到強，迅速成長為全球最大的 4G 網絡。

更廣、更深、更厚、更快

通信人骨子裏都有個執念，網絡質量就是生命線！通信網絡不僅要覆蓋廣，還要覆蓋深、覆蓋厚、質量優、速度快！他們不僅要建成全球最大的 4G 網絡，還要建設全球 4G 網絡精品。

在加快 4G 網絡佈局的同時，中國通信人在「更廣、更深、更厚、更快」上下足了功夫，積極採用全球領先技術，加快網絡升級步伐，大幅提升網絡質量，完善用戶體驗。

他們科學策劃，啃下一個個覆蓋「硬骨頭」。

高層樓宇、地下空間、高速公路、高速鐵路、過山隧道、跨海橋梁、邊陲海島……攻堅戰的號角一次次吹響，4G 基站上天入地、漂洋過海。

習近平惦念的四川涼山「懸崖村」，地處海拔 1600 多米的高山上。去懸崖村的路，邊上全是陡峭的山壁，既不方便物

資運輸，大型機械也不能到達現場作業。4G 基站建設全靠手抬肩挑，工作難度遠高於其他地方，僅僅三根鋼管，20 個通信建設者硬是抬了整整 7 天才運送到位……當懸崖村實現 4G 網絡全覆蓋時，村民們穿上鮮豔的民族服裝載歌載舞，為通信「鐵軍」敬上一碗碗彝家米酒，以示感謝。

他們創新突破，攻下一座座技術「新高峰」。

4G 網絡下行速率是 3G 的十幾倍，乃至幾十倍，但面對用戶不斷攀升的移動互聯網需求，網速還需再快些、更快些！

2015 年，4G 網絡剛剛啟動大規模建設的第二年，中國通信人就已經開始攻堅 4G+ 網絡。4G+ 網絡採用多載波聚合技術，網絡下行峰值速率達 300Mbit/s，一部高清視頻可以實現「秒下」。目前，中國電信、中國移動的 4G+ 網絡已經覆蓋全國所有城市，中國聯通的 4G+ 網絡則成功實現吉比特級的數據傳輸速率。

同時，VoLTE 網絡的建成，讓通話音質更清晰、接通等待時間更短，我們還可以一邊打電話，一邊瀏覽網頁、刷朋友圈。此外，3D-MIMO 等 5G 技術也被引入 4G 網絡建設之中，使 4G 網絡容量、覆蓋深度大幅提高，基站信號覆蓋更廣、干擾更小，頻譜效率全面提升。

創新「鐵塔模式」，提升 4G 建設效率

短短幾年時間，要建成全球最大的 4G 網絡，服務 10 多億用戶，基站建設資金從何而來？重複建設問題如何破解？有沒有集約高效的建設辦法，在短時間內實現移動網絡水平質的飛躍？

2014 年 7 月，4G 發牌的第二年，中國移動、中國聯通、中國電信分別出資 40 億元、30.1 億元和 29.9 億元組建了中國鐵塔股份有限公司（簡稱中國鐵塔），主營鐵塔的建設、維護和運營。時任中國移動副總經理的劉愛力（後歷任中國電信總經理、中國郵政董事長）兼任中國鐵塔董事長，時任中國聯通副總經理的佟吉祿（後任中國鐵塔董事長）改任中國鐵塔總經理。

「這是貫徹落實黨的十八屆三中全會精神，在新形勢下深化電信體制改革的一種有力嘗試，有利於促進行業內的專業化分工合作，避免惡性競爭，提升行業整體價值，最終將有利於廣大消費者。」政府主管部門對新成立的中國鐵塔寄予厚望。時任工信部副部長的尚冰叮囑中國鐵塔的創業者，一定要找準定位，從維護國家、行業、用戶利益的角度出發，按照市場化的原則，處理好與三家運營商的關係，處理好與其他相關企業的競爭關係，實現整個產業鏈的共贏，讓行業改革的成果最終

惠及全社會。

實踐證明，「鐵塔模式」成功開啟了通信行業改革創新的新征程，也極大地促進了 4G 的建設與發展。數據顯示，中國鐵塔自 2015 年 1 月 1 日全面承接新建鐵塔及附屬設施的工作以來，深入推進以共享為核心的集約化建設模式，迅速滿足了三家運營商的 4G 網絡建設需求，將行業鐵塔共享率從過去的 14.3% 快速提升至 70.4%。

據專家估算，中國鐵塔成立後的四年裏，中國減少通信鐵塔重複建設 60.3 萬個，相當於減少重複投資 1073 億元，減少土地佔用 2.8 萬畝，經濟、社會效益顯著。

天涯海角也要全覆蓋

早在 2001 年，中國移動就開始籌劃西沙群島的建站工程，並向遠洋島嶼延伸覆蓋。經過多方努力，2003 年 4 月，中國移動租用衛星鏈路率先開通了西沙永興島基站，移動通信網絡首次實現了對祖國南端藍色國土的覆蓋。2007 年，中國電信在西沙群島建成了中國最南端的互聯網中心。

2012 年 7 月 24 日，在西沙永興島，三沙市正式揭牌成立，掀開了中國南海開發的歷史新篇章。在工信部和海南省通信管理局的統籌規劃下，三沙的通信基礎設施建設與發展也進

入了新時期。

　　懷着深沉的感情與責任，一批批通信人一次次奔波於千里海疆，默默地建起基站、優化網絡、排查故障……經過多年的艱苦努力，實現了移動通信網絡在三沙海域的廣泛覆蓋。

　　2013 年 4 月，中國移動在西沙永興島首次建成並開通 4G（TD-LTE）基站，將 4G 網絡正式架設在美麗南疆的萬頃碧波之上。

　　「以前在南海航行，手機就是用來看看時間，現在 4G 開通後可不一樣了，打電話、聊微信、看視頻，真方便！」經過艱苦探索，中國基礎電信企業又在往返海南島和三沙海域的補給船「三沙一號」上實現了 4G 船載移動信號全航程覆蓋，成功解決了遠海航行的通信盲區難題，為船上乘客提供了一路暢通的語音及數據服務，為維護國家海洋領土主權、提升南海漁政管理及海上救援水平提供了強有力的信息技術支撐。

　　哪怕高溫高濕高鹽，哪管暴風烈日暗礁，通信人發揚特別能吃苦、特別能戰鬥的優良傳統，戰天鬥海、劈波斬浪，將 4G 信號送到了天涯海角，送上了南沙的島礁，送去了祖國母親的惦念。

　　截至 2018 年底，在海南省通信管理局的統籌安排下，中

國移動已先後在三沙市開通了 30 餘個 2G/4G 基站，其中，西沙 7 個人居島嶼實現 4G 全覆蓋，南沙 7 個島礁實現移動信號全覆蓋。中國電信在已建成 2G/3G 網絡基礎上，於 2016 年 7 月 14 日實現了南沙 7 個島礁及周邊海域的 4G 網絡全覆蓋；2016 年底到 2017 年上半年，中國電信利用海底光纜在南沙諸島礁上開通了多個光纜 4G 基站，覆蓋南沙永暑礁、渚碧礁、美濟礁等島礁及附近海域。截至 2017 年 7 月，中國聯通在西沙永興島、琛航島、珊瑚島、西沙洲及南沙永暑礁 5 個島礁建起通信基站，其中，永興島、西沙洲、永暑礁等實現了 4G 網絡覆蓋。

當我們向途經南海的過往船隻鄭重宣告「Welcome to China」（歡迎來到中國）時，當我們在距離三亞市遠達 1000km 的島礁上同步暢享 4G 網絡的便捷時，你可想像得到通信人背後的艱苦付出？

南海諸島遠離祖國大陸，生活物資短缺，交通運輸不便，氣候惡劣多變，從佈放電纜到架設天線，從調整方向到測試開通⋯⋯移動通信基站建設的每一個步驟都比在陸地上要艱難百倍。

在南海，每建設一個基站，網絡建設人員都要搭載登陸艇在海上漂流一到兩天時間，遇上大風大浪，還要面臨被風浪

掀翻的危險。那是在開通「南海國門第一礁」東門礁基站的途中，中國電信的通信建設團隊遇到了海上極端天氣，船隻無法靠岸，隊員在海上整整漂了 11 天；那是在修復西沙中建島受損基站的時候，中國移動三沙網絡建維團隊為了早日結束島上通信中斷近四個月的狀況，錯過了補給船，在約 1km² 的島礁上硬是又蹲了一個月的時間……

不僅在南海島礁，在珠峰大本營，在雲南獨龍江……如今，中國已在神州大地建成了溝通城鄉、覆蓋全國、通達世界的全球最大的移動通信網絡，4G 網絡的覆蓋率達 97%。

2019 年，工信部正深入推進電信普遍服務試點工作，加快偏遠和邊疆地區 4G 網絡覆蓋，預計到 2020 年實現全國行政村 4G 網絡覆蓋率超過 98%，邊疆地區 4G 網絡覆蓋率顯著提升，為全面建成小康社會提供堅實支持。

2019 年 4 月，振奮人心的消息再次傳來，5G 信號也延伸到了祖國的最南端！4 月 11 日 23 時，在三沙市政府的大力支持下，三沙市首個 5G 基站正式開通。不久後，5 月 23 日 18 時 28 分，位於南沙群島永暑礁的中國移動 5G 基站正式開通，實測速率約為 4G 的 10 倍。

小知識

電信普遍服務試點

2015 年 10 月 14 日，國務院常務會議決定，完善農村及偏遠地區寬帶電信普遍服務補償機制，縮小城鄉數字鴻溝。2015 年 12 月，工信部、財政部聯合印發《2016 年度電信普遍服務試點申報指南》的通知，正式啟動電信普遍服務試點工作。

按照「中央資金引導、地方協調支持、企業為主推進」的原則，中央財政補助資金一次性下達到省（區、市），具體補助規模以工信部、財政部認定的分區域電信普遍服務投入成本為基數，東部、中部、西部及各省（區、市）分別按其基數的 15%、20%、30%、35% 核定。中央財政補助資金重點保障中標企業農村寬帶建設和運行維護費用補償。

2018 年底，電信普遍服務前三批試點全面完工，推進了 13 萬個行政村通光纖，其中 1/3 是貧困村。試點的實施使行政村通光纖比例從試點前的不到 70% 一躍提升到 98%，貧困村通寬帶比例也超過 97%。同時，4G 網絡的行政村覆蓋率達到 95%。廣大農民用上了比肩城市甚至速率

更高、價格更低的寬帶網絡，充分享受到了數字世界帶來的紅利，獲得感和幸福感顯著增強。

2019 年 4 月 16 日，工信部、財政部聯合印發《2019 年度電信普遍服務試點申報指南》的通知，第四批試點工作正式啟動。該批試點聚焦加快偏遠和邊疆地區 4G 網絡覆蓋，到 2020 年實現全國行政村 4G 網絡覆蓋率（行政村 4G 網絡覆蓋指該村村委會 5 公里範圍內有 4G 基站，或該村村委會、學校、衛生室及任一 20 戶以上人口聚居區均有 4G 網絡信號）超過 98%，邊疆地區 4G 網絡覆蓋率顯著提升，為全面建成小康社會提供堅實支撐。2019 年支持建設 4G 基站約 2 萬個。

第四批試點工作將進一步向「三區三州」（三區：西藏、四省藏區、新疆南疆四地州；三州：雲南省怒江州、甘肅省臨夏州、四川省涼山州）等深度貧困地區發力。

5.5　移動互聯網，一起狂歡

3G 幫助國人敲開了移動互聯網的大門，4G 則真正開啟了魅力無邊的移動互聯網時代。高速、共享、互動、開放、顛覆、重塑⋯⋯ 就是這個時代的關鍵詞；社交軟件、移動支付、

移動搜索、共享單車、在線遊戲……就是時代樂章中最時尚的旋律。

速度，最重要的還是速度

從茹毛飲血到主宰世界，人類不斷進步的奧祕就是「永不滿足」。

透過小小的手機屏幕，我們同樣能看到這個奧祕的作用。人們對網速的需求無止境，對帶寬的需求無止境，對流量的需求幾乎也無止境。

2009 年，中國 3G 網絡正式商用，中國移動、中國電信和中國聯通分別推出了 TD-SCDMA、cdma2000 和 WCDMA 這三種制式的 3G 網絡，理論下行速率分別為 2.8Mbit/s、3.1Mbit/s 和 7.2Mbit/s。相比 3G 網絡，4G 網絡下載速率提升了 10 倍乃至數十倍，FDD LTE 的峰值下載速率可達 150Mbit/s。從 2015 年 6 月起，三大電信運營商相繼推出 4G＋（LTE-Advanced）網絡，峰值下載速率可達 300Mbit/s 以上，有時甚至可超過 1Gbit/s，是 3G 網絡的近百倍。

在實際應用中，一部 8GB 大小的高清電影，用 3G 網絡（WCDMA）下載通常需要兩個多小時，用 4G 網絡（FDD LTE）下載通常僅需 7 分鐘，而未來的 5G 時代可能只需幾秒。

覆蓋更廣了，速度更快了！4G 網絡如肥沃的土地，滋養、孕育了一大批創新移動應用。手機淘寶、滴滴、共享單車、抖音⋯⋯這些雨後春筍般湧現的新應用滲透到人們生活、工作的方方面面──瀏覽新聞，要刷手機、用流量；出門打車，要刷手機、用流量；購物交易，要刷手機、用流量；外出遊玩，要刷手機、用流量⋯⋯處處離不開手機，哪裏都需要流量，人們開始覺得流量越來越不夠用，「4G 一晚上沒關，醒來房子歸運營商」的段子越傳越玄。

總理明確「提速降費」舉措

「現在很多人，到什麼地方先問有沒有『Wi-Fi』，就是因為我們的流量費太高了！」2015 年 4 月 14 日，在一季度經濟形勢座談會上，國務院總理李克強與網易董事局主席丁磊、中興董事長侯為貴等企業家的對話經媒體披露後引發社會各界熱議，並由此開啟了延續至今的「提速降費」熱潮。

客觀而言，中國的電信運營商還是相當努力的，一直全力推進「寬帶中國」戰略的實施，努力提速降費。但那時中國 TD-LTE 4G 牌照剛剛發放一年多，LTE FDD 4G 牌照則僅發放一個多月，移動通信網絡無論是速度還是價格，都難以滿足經濟發展的要求和社會大眾快速增長的互聯網需求。

2015 年 5 月 13 日，李克強在主持召開國務院常務會議時再度明確促進提速降費的五大具體舉措，其中包括鼓勵基礎電信企業儘快發佈提速降費方案計劃，使城市平均寬帶接入速率提升 40% 以上，推出流量不清零、流量轉贈等服務，等等。5 月 15 日，中國電信、中國移動、中國聯通分別推出一系列提速降費舉措。

隨後的 5 月 20 日，國務院辦公廳發佈《關於加快高速寬帶網絡建設推進網絡提速降費的指導意見》（以下簡稱《指導意見》），明確了三年內網絡提速降費的「硬指標」。

隨着經濟社會的發展，中國社會主要矛盾已經轉化為人民日益增長的美好生活需要和不平衡、不充分的發展之間的矛盾。推進提速降費，滿足人民對美好信息生活的嚮往，成為新時期信息通信業發展的主旋律。

提速降費，提的是企業競爭力，降的是社會總成本，利國利民利企，國家念之，網民盼之，工信部與基礎電信企業則大力行之。

2015 年 8 月 1 日，京津冀長途漫遊費取消；2015 年 10 月 1 日，「流量當月不清零」實施；2017 年 9 月 1 日，手機國內長途和漫遊費取消；2018 年 7 月 1 日，手機流量漫遊費取消；2019 年，移動網絡流量平均資費再降低 20% 以上，在全國實

行「攜號轉網」……在取消一系列資費的同時，固定寬帶網絡資費、移動寬帶網絡資費、中小企業互聯網專線接入資費等均大幅下降，國際通信資費「斷崖式」下降，連年超額完成《指導意見》中提出的年度目標。

　　2019 年 5 月 21 日，在國務院新聞辦公室舉行的國務院政策例行吹風會上，工信部副部長陳肇雄表示，中國近幾年提速降費成效非常明顯。在網絡覆蓋方面，建成全球規模最大的固定寬帶網絡和 4G 網絡，全面建成光網城市。基礎電信企業四年累計投資超過 1.5 萬億元，深入推進光纖寬帶網絡和 4G 網絡建設；組織五批電信普遍服務試點，中央財政和基礎電信企業累計投資超過 500 億元，支持 13 萬個行政村通光纖，以及 3.6 萬個 4G 基站建設。截至 2019 年 3 月底，全國光纖寬帶用戶佔比達到 91%，4G 用戶佔比達到 75%。其中，行政村通寬帶比例達到 98%，行政村通 4G 的比例達到 97%，位居全球先進行列。在網絡提速方面，與五年前相比，固定和移動寬帶平均下載速率提升了 6 倍多。固定寬帶用戶平均下載速率從 2014 年底的 4.2Mbit/s 提升至 28Mbit/s，移動寬帶下載速率從 3G 時代不足 3Mbit/s 提高到 22Mbit/s。在網絡降費方面，2018 年，固定網絡每兆字節月均資費為 0.3 元，比 2014 年下降 95%；手機上網流量平均每吉字節為 8.5 元，比 2014 年下降

94%。用戶月均使用移動流量達到 7.2GB，為全球平均水平的 1.2 倍。

陳肇雄分析說，從間接效果來看，一方面，提速降費進一步加速了中國移動互聯網產業的創新發展，加快了中國移動通信技術產業的演進升級，催生了一大批新技術、新應用、新模式。2018 年，中國移動應用程序數量多達 449 萬款，為全球移動應用程序數量之最；另一方面，提速降費有力支撐了經濟社會的數字化轉型。2015—2018 年，基礎電信企業僅提速降費的讓利就達 2600 億元，在擴內需、穩就業、惠民生方面發揮了重要作用，也有力地激發了信息消費需求，繁榮了數字經濟。中國信息消費規模由 2015 年的 3.2 萬億元增長到 2018 年的 5 萬億元，年均增幅超過 15%。

「2019 年，提速降費重點工作定在兩個方面。一是推動網絡演進升級，滿足網絡信息技術與經濟社會各領域融合發展的新需求。通過開展『雙 G 雙提』工作，推動固定寬帶和移動寬帶雙雙邁入千兆時代；同時，繼續推動 5G 技術研發和產業化，加快 5G 商用部署和 IPv6 改造。而且，推動網絡信息技術與實體經濟深度融合，突出增強工業互聯網、教育、醫療等重點領域的網絡支撐能力，推動融合產業規模化發展。另一方面，是深入挖掘降費潛力，推動實施精準降費，促進網絡應用

普及。針對低收入和老年群體的需求，推動基礎電信企業在全國推出『地板價』資費方案，面向建檔立卡貧困戶給予最大的優惠，助力網絡精準扶貧。針對中小企業用戶，通過直接下調資費價格、免費提速升檔等方式，實現平均資費降低不少於 15%。」陳肇雄表示，將加大工作力度，扎實開展提速降費工作。

寬帶發展聯盟最新數據顯示，2019 年第一季度，中國固定寬帶網絡平均下載速率達 31.34Mbit/s，環比提升 11.7%，同比提升 55.5%；4G 網絡平均下載速率達 23.01Mbit/s，同比提升 20.4%。知名國際機構開展 Speedtest 測速的結果顯示，2018 年 7 月，中國固定寬帶下載速率在全球 133 個國家和地區中排名第 19 位，移動寬帶下載速率在全球 124 個國家和地區中排名第 37 位，中國固定和移動寬帶網絡下載速率均進入全球前列。

「網絡覆蓋越來越好，上網速度越來越快，長途費沒有了，漫遊費取消了，每月 20GB 的流量放心用。」提速效果扎扎實實，降費讓利實實在在。不僅越來越多的個人用戶獲得了網絡提速降費帶來的實在福利，越來越多的企業與行業也從中受益匪淺。根據中國信通院發佈的《中國寬帶發展白皮書（2018）》，網絡提速降費的支撐帶動效應明顯，不僅帶動了產

業鏈上游的光纖製造、網絡設備、智能終端等製造企業保持 14%～30% 的發展增速，而且助力「大眾創業、萬眾創新」蓬勃興起，催生了一大批新產業、新模式、新業態，促進了數字經濟的發展和信息消費的擴大升級。

2019 年初，中國互聯網協會發佈的《中國互聯網產業發展報告（2018）》顯示，2018 年，中國信息消費市場規模繼續擴大，信息消費規模約為 5 萬億元，同比增長 11%，佔 GDP 的比例提升至 6%。信息服務消費規模首次超過信息產品消費規模，信息消費市場出現結構性改變。《數字中國建設發展報告（2018 年）》的數據顯示，2018 年，中國數字經濟規模總量超過 31 萬億元，佔 GDP 的比例達到 34.8%，數字經濟成為中國經濟高質量發展的重要支撐。

G 時代來臨

4G 發牌伊始，流量尚是中國諸多電信業務中的一股「小溪流」，在僅僅三年後的 2016 年，就成長為聲勢浩大的「奔流」。

工信部通信業經濟運行情況的統計數據顯示，2016 年 11 月，中國移動互聯網用戶的月度戶均移動互聯網接入流量達到 976MB，同比增長 101.1%，月度戶均較 10 月提高 44.8MB。

2016 年底，月度戶均移動互聯網接入流量超過 1GB，移動互聯網接入流量正式由 M 時代進入 G 時代。

2016 年，中國 4G 用戶數呈爆發式增長，全年淨增用戶 3.4 億戶，總數達到 7.7 億戶，在移動電話用戶中的滲透率達到 58.2%；2G 移動電話用戶減少了 1.84 億戶，佔移動電話用戶總數的比例由上年的 44.5% 下降至 28.8%。

在 4G 用戶激增、移動互聯網應用爆棚、用戶溝通方式更迭、流量資費快速下降、運營商流量玩法創新等多重因素的集中作用下，中國移動電話用戶的月度戶均移動互聯網接入流量呈現猛漲態勢。

2017 年 5 月，中國戶均移動互聯網接入流量達到 1.5GB，同比增長 117.8%；2017 年 9 月，達到 2GB，同比增長

中國 2010—2016 年 2G/3G/4G 用戶發展情況

140%。2018 年 3 月，突破 3GB；5 月，接近 4GB；9 月，超 5GB；12 月，超 6GB。2019 年 3 月，中國戶均移動互聯網接入流量超過 7GB，達 7.27GB，同比增長 121.1%。

流量的快速增長給電信運營商帶來了新的收入來源，自 2016 年移動數據收入首次超越語音收入後，流量對運營商收入的貢獻日益提升，移動數據業務成為通信行業收入佔比最大的業務。信息通信全行業進入「流量為王」階段。

但 2017 年開始，流量「增量不增收」的情況日益突出，也就是說，移動流量雖然大幅增長，但是對應的收入增幅很低，加之語音、短信等傳統電信業務萎縮，電信業務「量收剪刀差」越來越大，市場經營的壓力很大。

據工信部的統計數據，2018 年中國電信業務收入為 13010 億元，同比增長 3%；電信業務總量達到 65556 億元（按照 2015 年不變單價的情況計算），同比增長 137.9%。從 2013 年（4G 元年）至今，六年時間，電信業務「量收剪刀差」再創新高，從 6.9 個百分點激增到 135 個百分點，業務總量增速已達業務收入增速的 46 倍。

越來越大的「剪刀差」直觀地說明，通信行業提速降費帶來的讓利成效十分顯著，廣大用戶和中小企業享受到了實實在在的信息紅利。而另一方面，通信行業圍繞流量業務建立起

2010—2018 年電信業務總量與電信業務收入增長情況

的運營規則、發展模式開始遭遇嚴重挑戰，其影響在 5G 時代還將進一步擴大。

移動互聯網騰飛，「顛覆＋共享」時代啟航

4G 網絡給手機注入了神奇的魔力。從衣食住行到各行各業，小小的手機變得「萬事皆通」，令人眼花繚亂的移動互聯網應用不僅影響到大眾生活的方方面面，而且輻射到與信息相關的各行各業，滲透到社會發展的各個角落。

2019 年 2 月，中國互聯網絡信息中心（CNNIC）發佈了第 43 次《中國互聯網絡發展狀況統計報告》。報告中幾個有趣的數據十分有代表性，直接體現了移動互聯網時代的特色。

1. 98.6%

2018 年，中國網民規模達 8.29 億，手機網民規模達 8.17 億，網民通過手機接入互聯網的比例高達 98.6%，全年新增手機網民 6433 萬。全年移動互聯網接入流量消費達 711.1 億吉字節，較 2017 年底增長 189.1%。

2. 5 個「96% 以上」

支付、新聞、購物、外賣、視頻，我們最常用的網絡應用中，手機端用戶佔比都超過了 96%。

數據顯示，截至 2018 年 12 月，中國網絡支付用戶規模達 6 億，手機網絡支付用戶規模達 5.83 億，佔手機網民數的 71.4%，年增長率為 10.7%。線下網絡支付使用習慣持續鞏固，網民在線下消費時使用手機網絡支付的比例由 2017 年底的 65.5% 提升至 67.2%。

網絡新聞用戶規模達 6.75 億，手機網絡新聞用戶規模達 6.53 億，佔手機網民數的 79.9%，年增長率為 5.4%。

網絡購物用戶規模達 6.1 億，手機網絡購物用戶規模達 5.92 億，佔手機網民數的 72.5%，年增長率為 17.1%。

網上外賣用戶規模達 4.06 億，手機網上外賣用戶規模達 3.97 億，佔手機網民數的 48.6%，年增長率為 23.2%。

網絡視頻用戶規模達 6.12 億，手機網絡視頻用戶規模達 5.9 億，較 2017 年底增加 4101 萬，佔手機網民數的 72.2%。

3. 即時通信 App 最受歡迎

2018 年，移動網民經常使用的各類 App 中，即時通信類 App 用戶使用時間最長，佔比為 15.6%；網絡視頻、網絡音樂、短視頻、網絡音頻和網絡文學類應用使用時長佔比分列第 2～6 位，依次為 12.8%、8.6%、8.2%、7.9% 和 7.8%。手機即時通信用戶達 7.8 億，佔手機網民數的 95.5%。

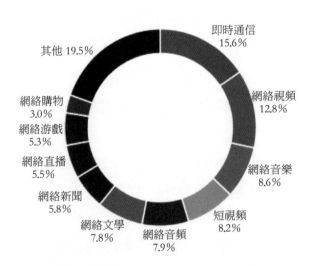

各類 App 使用時長佔比

來源：中國互聯網絡信息中心（CNNIC）發佈的第 43 次《中國互聯網絡發展狀況統計報告》

「移動一切，一切都在移動。」隨着移動通信技術與人工智能、雲計算、大數據、區塊鏈、虛擬現實、物聯網等技術的融合發展，不僅社會大眾的生活方式被重塑，媒體、金融、醫療、交通等行業也迎來了顛覆式變革。

如今，以共享、互動為特徵的移動互聯網正掀起數字經濟浪潮，開始深刻改變傳統產業的組織模式、服務模式和商業模式。中國互聯網企業正抓住時代機遇做大做強，開啟了輸出「中國模式」的新篇章。以跨境支付為例，支付寶和微信支付已分別在 40 多個國家和地區實現合規接入；在境外本土化支付方面，中國企業已在亞洲 9 個國家和地區運營本土化數字錢包產品。

數據顯示，以 4G 網絡為基石，中國數字經濟發展正在形成全球影響力，網絡零售交易規模、移動支付市場規模均位居全球第一，而在全球互聯網公司 TOP20 的榜單中，中國互聯網公司已佔有七席。

4G 改變生活

求醫問藥「難」變「易」

誰沒生過病？誰沒去過醫院？誰沒在求醫時犯難過、

發愁過、抱怨過？對老百姓而言，如果能在求醫問藥時更方便、更高效、更實惠，這真算得上是實在的民生福利了。

隨着 4G 網絡的廣泛覆蓋，「互聯網＋醫療」逐漸讓以往不敢奢求的事情變成現實，「高級」的醫療資源、便利的就醫環境……開始走進老百姓的生活。

在浙江寧波，市民可以通過公共健康管理服務平台、手機客戶端醫院通 App、「健康寧波」微信公眾號、12580 熱線這四個途徑預約掛號，其中醫院通 App 下載量超 25 萬人次，日均活躍用戶達 3000 人。該平台還推出了計劃免疫、婦幼保健、中醫藥服務、中藥配送四大功能。值得關注的是，市民還能通過可穿戴設備，每天採集數據並上傳到後台，定期監測體徵數據。

在遼寧大連，被譽為「小型流動醫院」的遠程醫療監護手術急救一體車，不僅能為老百姓送去貼心周到的醫療服務，而且也為城市遭遇重大突發事件時救治傷員提供了有效支撐和醫療保障。

遠程醫療監護手術急救一體車看上去與普通運輸車沒什麼區別，實則卻內藏玄機。車輛停靠，底盤液壓升高，可伸縮部分外移，一系列動作之後，車內空間便擴展至 4.3×7m，「變形」為手術室和觀察室兩個房間。它內部配備

歐洲先進的醫療設備以及中國移動提供的整套無線通信設備，堪稱一個可移動的小型醫院。通過 4G 高速網絡，車內醫療信息可與醫院本部數據實現實時交互傳輸。「如果病人的情況特殊，現場醫護人員需要技術支持，就可以通過急救車上的這套網絡系統，和醫院實現實時視頻交流，以及時得到醫院專家的專業指導，還可以隨時上網查閱資料，解決疑難問題，非常方便。」

當傳統醫療搭上以 4G 高速網絡為軌道的「互聯網＋」快車後，我們的醫療環境真的開始變得不一樣了。

5.6　這是產業鏈，這是創新鏈

一直以來，移動通信都是科技創新最活躍的領域，特別是進入 21 世紀後，其技術更新速度和輻射力在各行業中處於領先水平。回望 4G 發展歷程，中國 4G 技術 TD-LTE 的標準化、產業化、商業化之路跌宕起伏，其最值得稱道的價值，不僅在於產生了巨大的經濟和社會效益，更在於有力地帶動了中國系統製造、智能終端、移動應用、高端芯片、儀器儀錶等整個產業鏈的創新與突破，使中國的移動通信幾乎全產業鏈躋身國際前列，而這在中國其他領域極為少見。正是基於 4G 時

代創新實踐積澱的技術實力、生態戰略、市場優勢、人才資源、國際視野以及產業自信，中國在 5G 時代的局部領先才成為可能。

中國的 4G 網絡不僅全球最大，而且最複雜

中國的 4G 網絡商用僅一年時間，我們就建成了全球最大的 4G 網絡，紀錄一直保持至今。而這也是全球最複雜的 4G 網絡：中國移動、中國電信、中國聯通三家運營商各建了一張 4G 網絡；面臨 2G（包括中國移動的 GSM 網絡、中國電信的 CDMA 網絡、中國聯通的 GSM 網絡）、3G（包括中國移動的 TD-SCDMA 網絡、中國電信的 cdma2000 網絡、中國聯通的 WCDMA 網絡）、4G（包括中國移動的 TD-LTE 網絡、中國電信的 LTE FDD 網絡、中國聯通的 LTE FDD 網絡）以及 Wi-Fi 等多頻、多網、多干擾的網絡覆蓋挑戰；中國幅員遼闊，跨越城鄉差別、跨越地理限制、跨越應用領域的網絡覆蓋場景多達 30 餘種。

雖然挑戰重重，但中國的 4G 網絡依然堪稱精品，其背後的技術實力可見一斑。經常穿梭於中國國內外的商務人士、旅遊達人等對此感觸最深。

在歐美國家，沉浸在森林公園如畫風景中的你，若想通

過手機發個朋友圈與親友分享，恐怕很多情況下難以實現，因為手機信號沒有覆蓋或覆蓋較差。同樣的情形，也時常出現在城市郊區、地鐵、地下室等場景中。

　　而在中國，這是難以想像的，也是廣大用戶難以容忍的。高至中國第一高樓、深至井下 500m 之處、快至 300km/h 的高鐵列車中，4G 網絡都使用無虞。

　　超高層建築的移動通信網絡覆蓋是一大難點。施工協調難、室內深度覆蓋難、高速電梯覆蓋難……

　　上海中心大廈，主體建築 119 層，總高 632m，截至 2017 年，它是中國第一高、世界第二高摩天大樓。這裏，4G 信號滿格！上海中心大廈的超高速電梯，運行速度達 18m/s。若採用傳統技術，在電梯高速運行時，風壓很可能導致轎廂內的天線直接解體。通過科研人員的技術攻關，這一問題得以成功解決。置身上海中心大廈的超高速電梯內，你依然可以隨時接打電話、上網聊天。

　　比超高層建築覆蓋更難的是高鐵的 4G 信號覆蓋，其核心難點就是兩個字：高速。

　　你能想像出一部以 200～300km/h 的速度運動的手機，和另外一部手機通話時的無線信號走向圖嗎？畫面相當驚人。當高鐵運行時，手機信號會在不同基站之間不停地切換，高鐵

速度越快，信號切換越快，很容易造成手機信號延遲甚至中斷。而且，高鐵的全封閉車廂也會導致手機信號衰減。

如何在高鐵車廂內實現手機不掉線？必須在高鐵沿線建設大量通信基站，遇到穿山越嶺的高鐵線路，基站建設密度更大、難度更高。

西成高鐵（西安到成都）是中國首條穿越秦嶺的高速鐵路，全線隧道佔比 55%，穿越秦嶺山脈時隧道佔比高達 95%。為了讓旅客們全程都能順暢使用手機，沿着西成高鐵沿線，移動 2G 基站每隔 1km 一處、4G 基站每隔 500m 一處；電信 3G、4G 基站每隔 1km 一處；聯通 3G、4G 基站每隔 500m 一處。據通信施工人員介紹，為保證無線信號的精準發射和接收，用於傳輸信號的漏泄同軸電纜設置在隧道的洞壁上，精準懸掛於距離軌面 2.6m 處。這一高度正好與高鐵車窗的上沿對齊，漏泄同軸電纜的開槽朝向車窗，從而滿足了列車的無線覆蓋需求。

相比城市人群密集地帶的基站建設，對運營商而言，高鐵沿線的通信投入相當高，產出則相當低，而西成高鐵等山區高鐵每千米的通信設備造價則更高，約是平原地帶的三倍。

當您乘坐高鐵，穿梭於祖國大好河山之間，愜意地用手機上網沖浪，與友人分享着沿途的秀麗風光時，請想一想那些

在惡劣環境中艱辛奮戰、默默攻關的通信建設者們。如果有時您偶爾遇到手機掉線的情況，請多一些寬容，多一分理解。他們正在努力，一切會變得更好。

中國的移動通信系統設備問鼎世界

依託本土優勢，中國的 4G 技術 TD-LTE 為通信設備產業帶來了絕佳的發展機遇，而中國的通信設備製造商則緊抓機遇，大膽創新、大膽投入，在全球通信行業打響了「中國製造」的品牌。

回憶當年的情形，其實滿是風險。那時，對於 TD-LTE 這一源於中國的 4G 技術，全球很多通信設備製造商都持有懷疑態度，不願涉足 TD-LTE 設備研發，更不敢投入。

買不來，求不來，也討不來，唯有自力更生！而這也逼得中國的通信設備製造商必須承擔起國家責任，在技術創新路上奮勇前行。

華為為推動 TD-LTE 產業化，專門成立了「TD-LTE 產業發展部」，做大 TD-LTE「朋友圈」，攜手消除產業鏈短板。同時，華為還與全球管製機構合作，推動和引導 TDD 頻譜的發放與有效使用，積極引導全球領先運營企業加入 TDD 陣營，加強與 NGMN（Next Generation Mobile Networks，下一

代移動通信網絡）、LSTI（LTE/SAE Trial Initiative，LTE/SAE 試驗聯盟）、3GPP 等國際組織的合作，助力 TD-LTE 的產業化、國際化進程。

中興大力投入 TD-LTE 無線系統、芯片以及終端等設備研發，在美國、歐洲以及中國深圳、上海、西安、南京等地建立 8 個 TD-LTE 研發中心，5000 多名研發精英同步進行 TD-LTE 無線接入、核心網、終端、芯片和業務平台等完整的產品系列研發。

中國信科全力投入 TD-LTE 設備研發。南京封閉項目組，100 多名技術專家組成通信「鋼七連」，不拋棄、不放棄，經過三個多月的艱苦攻關，累計加班 25000 小時、人均加班 300 小時，終於成功打通 TD-LTE 網絡測試的首個電話。

…………

聯合創新、聯合攻關、聯合突破，中國的通信設備製造商化被動為主動，取得了 4G TD-LTE 技術領域的一系列創新成果，引發全球矚目。例如，攻克 TDD 寬帶、高速移動和大容量等全球性技術難題，原創性地提出基於 TDD、OFDM 和多流智能天線的系統方案，實現了百兆高速率、10 倍於 3G 的大容量；攻克了大帶寬高速率、多模多頻、低功耗、複雜干擾等 4G 產品難題；克服了 TD-LTE 網絡建設運營面臨的頻段

高、頻譜散和場景複雜等困難，提出了高效干擾控制、基於用戶體驗的網絡規劃和體系化覆蓋及優化等方案……

隨着技術實力的不斷增強，依託中國主導的 TD-LTE 在全球廣泛部署，中國通信設備製造商的 4G 設備開始接入全球電信運營商的網絡之中，至今已在 50 餘個國家和地區部署了 100 多張 TD-LTE 商用網絡。統計數據顯示，全球 4G 基站市場中，中國廠商拿下了超過 50% 的份額。

根據全球知名信息提供商 IHS Markit 的統計數據，2017 年全球市場份額排名前五的通信設備製造商，中國就有兩個。

中國通信設備製造商的崛起與強大，「中國製造」名片在高科技領域的蜚聲四方，引發了美國的極大恐慌，導致了近年針對中國中興、華為等高科技企業的無理打壓。

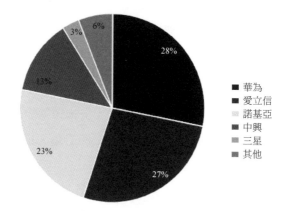

2017 年全球通信設備製造商市場份額

中國的移動終端閃亮全球

10 年，足夠改變一個行業。例如，手機。

2009 年 3G 在中國正式商用之初，全球手機廠商前六強分別為諾基亞、三星、摩托羅拉、LG、索尼愛立信、中興。作為中國手機品牌的代表，中興的市場份額還不到 5%。

隨着蘋果引發的智能手機革命席捲全球，有人「退群」，有人「噤聲」，有人崛起，一個全新的手機「江湖」出現了。

根據市場研究公司 IDC 報告，2019 年第一季度，全球智能機出貨量前六強分別為三星、華為、蘋果、小米、OPPO、vivo，一同包攬全球市場總份額的 76.7%。其中，三星手機出貨量達 7190 萬部，同比減少 8.1%，市場份額為 23.1%；華為手機出貨量達 5910 萬部，同比大增 50.3%，市場份額為 19.0%。全球手機廠商前六強，中國佔據 4 席，拿下了全球手機市場份額的 41.9%。

這十年，正是中國移動通信行業在自主創新路上摸爬滾打、披荊斬棘的 10 年。伴隨中國主導的 3G TD-SCDMA、4G TD-LTE 的產業化、商業化，中國民族手機企業逐步發展壯大，並成功顛覆「低價劣質」的形象，爭勝全球中高端手機市場。

與系統設備面臨的情形如出一轍。TD-LTE 發展之初，國

外終端製造企業同樣持觀望態度，華為、中興、聯想、酷派等民族終端製造企業踏上了艱難的 TD-LTE 終端創新之路。

為了儘快消除 TD-LTE 終端短板，中國移動真金白銀大力補貼，並全力推動多模多頻手機研發，進一步加速了 TD-LTE 和 LTE FDD 的產業融合。這些舉措產生了兩大深遠影響：一是成功驅動 TD-LTE 全球產業快速發展；二是成功引領中國手機產業打入全球市場。

隨着 TD-LTE 在中國以及全球的規模化商用部署，中國當年背水一戰的手機廠商逐漸崛起，不僅在中低端市場大紅大紫，而且在高端市場嶄露頭角，不僅在國內市場優勢明顯，而且在全球市場表現搶眼。

然而，必須承認，中國手機產業雖已進入全球第一陣營，但技術實力距離全球領先水平還有很大差距。數據顯示，全球六大手機廠商中，三星（包括面板、芯片、鏡頭、半導體等）以 32.4 萬項專利和 18.9 萬項授權專利位居第一，遠超其他競爭對手。

智能手機主要由芯片、顯示屏、攝像頭、功能件、結構件、無源器件和其他部分組成，其中芯片、顯示屏、攝像頭屬於核心零部件，對手機整體性能影響最大。在這些核心技術領域，美日韓優勢突出，中國在芯片等上游領域短板明顯。

中的「中國芯」，奮力追趕

缺「芯」，心痛！

2018－2019 年，從中興到華為，美國的禁令嚴重打擊了中國在高科技領域實力最雄厚的兩家企業，中國缺「芯」的短板給國人帶來了極大的衝擊。

不掌握上游高端核心芯片、操作系統等核心技術，就永遠不能擺脫被「卡脖子」的被動局面。必須放棄幻想，自力更生！

芯片，內含集成電路的硅片，是 ICT 技術之「魂」，技術門檻之高、投資風險之大、所需資金之巨，非其他產業可比。業內普遍認為，芯片的創新發展必須順應市場化迭代規律，如照搬「兩彈一星」等非市場化大投入創新模式，則很難成功。

在移動通信領域，芯片同樣是核心，是短板，其研發涉及通信標準和關鍵技術、基帶和射頻研發設計、集成電路設計製造、各類相關元器件、軟件集成和研發，甚至材料學等眾多領域與環節。

面對國外企業在 GSM、CDMA、WCDMA 等移動通信技術芯片領域的絕對領先，中國奮起直追，藉助自主創新的 TD-SCDMA、TD-LTE 技術，在壁壘森嚴的芯片領域撕開了一條口子，推動中國移動通信芯片產業從 2G 時代的「無芯」走向

3G 時代的「有芯」，直至 4G 時代逐漸變強的「中國芯」。

特別是在 TD-LTE 產業大發展的帶動下，中芯國際、華為海思、創毅視訊、展訊、大唐聯芯、中興微電子、重郵信科等中國芯片企業，在多模 TD-LTE 基帶芯片技術、TD-LTE 射頻芯片關鍵技術、多頻段 LTE 射頻芯片開發技術等領域取得了重大成果。

當前，中國芯片設計水平提升了 3 代以上，海思麒麟 980 手機芯片採用了全球最先進的 7nm 工藝；製造工藝提升了 1.5 代，32/28nm 工藝實現規模量產，16/14nm 工藝進入客戶導入階段；存儲芯片進行了初步佈局，64 層 3D NAND 閃存芯片將在 2019 年底量產；先進封裝測試規模在封測業中佔比達到約 30%；刻蝕機等高端裝備和靶材等關鍵材料取得突破……

數據顯示，2012 年以來，中國集成電路產業以年均 20% 以上的速度快速增長，2018 年全行業銷售額達 6532 億元，中國芯片企業的全球市場份額也從 3G 時代的 1.5% 躍升至 4G 時代的 16%。

必須承認，與國際先進水平相比，中國芯片產業在總體設計、製造、檢測及相關設備、原材料生產等方面還有相當大的差距。萬里不惜死，一朝得成功。我們所能做的，唯有靜下心，奮起直追不言棄。

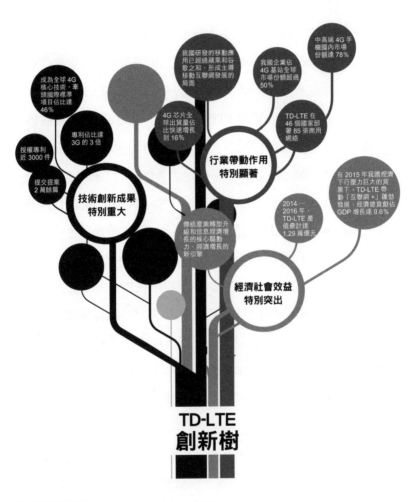

TD-LTE 創新樹

孫忠營、邵素宏 / 製作，數據截至 2016 年

5.7　走向世界，影響全球

中國擁有自主知識產權的 3G 國際標準 TD-SCDMA，讓中國成功步入世界科技競爭的核心舞台，該標準成為中國高新技術領域自主創新的一座里程碑。然而，中國通信人心中仍有那麼一絲遺憾：這個我們千辛萬苦樹立的世界標準並沒有真正走出國門，全球有且只有中國移動一家運營商建設了唯一一張 TD-SCDMA 網絡，世界知名芯片及終端製造商依然游離於 TD-SCDMA 產業之外。

天下大勢，浩浩湯湯。不融入全球化的潮流之中，留守孤島，終將艱難維生。中國通信標準唯有真正贏得國際認同，才能帶動中國通信行業實現整體性突破，並在後續標準的競爭中贏得更加廣闊的未來。中國通信人不僅僅要讓 TD-LTE 成為世界標準，還要積極向全球推廣 TD-LTE。

萬事開頭難

作為 TD-LTE 最積極的推動者，中國移動在工信部等主管部門的大力支持下，充分發揮其在全球通信行業的影響力，擔起了這一中國 4G 技術的國際化推廣重任。

2008 年初，中國移動調集一批技術精英組成 TD-LTE

全球化推進團隊。一方面，他們藉助 ITU、NGMN、GSMA（Global System for Mobile Communications Association，全球移動通信系統協會）等國際組織，利用 GSMA MWC（Mobile World Congress，世界移動通信大會）、世博會、亞運會等國際性舞台，舉辦面向全球的各類大型國際 TD-LTE 宣傳展示活動，以擴大全球認知，贏得廣泛支持；另一方面，他們發揮中國移動這一全球最大運營商的影響力，積極與國際運營商、產業界合作，尋找突破口。

在巴塞羅那召開的 MWC 就是一個絕好的機會！

中國移動決定主動出擊，在這一通信行業的「奧運會」上打響 TD-LTE。然而，此時距離每年 2 月召開的 MWC 僅有一個多月的時間，而且中間還包括中國的傳統春節假期。對於當時從未在國外組織過國際會議的中國移動來說，時間實在太短、太倉促了。

如何策劃好 TD-LTE 面向全球的第一次亮相？重擔交給了中國移動研究院無線與終端技術研究所。

對所裏這群搞技術的通信工程師而言，國際化推廣是個全新課題。大家一開始都有些「懵」。會議如何籌備？邀請哪些人士？溝通哪些內容？傳遞什麼信息？新聞稿怎麼寫？會場怎麼佈置？沒有經驗，更沒有基礎。所有能調動的人力、資源

全部調動起來，言辭懇切的邀請函發往全球各地。溝通、確認、更改，再溝通、再確認……一個月的時間，僅中國移動研究院會議溝通組發出的電子郵件就有上萬封，會議其他籌備工作更是難以計數。

在巴塞羅那，中國移動首次在國外召開了研討會。會議室設在酒店地下一層，房間沒有任何裝飾，空間也略顯局促，U形會議桌旁坐滿了人，一切看上去有些簡陋。但是，仔細辨認與會人員就不難發現，在這個簡陋房間裏召開的會議絕不簡單！來自中國移動、沃達豐、Verizon、英特爾、高通、愛立信、華為、中興等全球知名通信企業的 20 餘位高管悉數在位，影響全球移動通信未來格局的討論就在此進行。

中國移動在發言中對 TD-LTE 標準優勢的詳盡闡述、對 TD-LTE 產業發展的積極展望，受到了與會運營商和製造商的關注。一位來自沃達豐的資深通信專家在會後表示：「我工作多年，參加了很多國際會議，但是像今天這樣與會者一致支持的情形，還是第一次看到。」

中國主導的 TD-LTE 技術的首次國際亮相成功了！那晚，幾乎所有參與巴塞羅那會議籌備的通信人都失眠了。回顧以往，中國通信行業在國際上曾經遭遇了多少刁難與對抗、多少推諉與質疑，如今的一致支持實在是來之不易。

　　巴塞羅那「首秀」成功後，TD-LTE 全球化推進團隊連續出擊，時任中國移動副總經理的沙躍家利用所有可能的機會，親自帶隊拜訪了全球幾十家相關企業，登門推廣 TD-LTE。2011 年 2 月，中國移動又在巴塞羅那召開的 GSMA 第 48 次董事會上，大膽提出 TDD/FDD 從芯片層開始融合發展的思路，在諸多運營巨頭中引起強烈反響並最終得到一致認可。此次會議向全球產業界傳遞了一個明確信號，全球主要運營商均支持 TDD/FDD 融合發展，一舉激發了國際通信行業參與 TD-LTE 創新的熱情。

揭祕 GTI，首個由中國主導的國際通信組織

　　2008 年以來，TD-LTE 在全球的名聲逐漸打響，但在與國際人士的溝通中，中國移動意識到，在國內 TD-LTE 商用尚無時間表但 TD-LTE 全球化步伐又異常緊迫的情況下，僅僅依靠「搭車」國際組織的會議推廣 TD-LTE 還遠遠不夠，「中國有必要主導一個國際聯盟組織，來落實 TD-LTE 的全球化進程」。

　　中國主導的第一個國際通信組織，起個什麼名字呢？

　　「我們的聯盟名稱可否叫 Global TD-LTE Initiative，即 TD-LTE 全球發展倡議，縮寫為 GTI？」中國移動副總經理李正茂的倡議得到了大家的一致認可。

　　一切從零開始！GTI 的目標是什麼？章程怎麼寫？會員有什麼權利和義務？如何組織 GTI 會議？怎麼設置議題？各成員如何有效溝通？無數個問題湧向中國移動研究院 GTI 籌備組。

　　「一開始真覺得挺難的，有一種無從下手的感覺。」千頭萬緒的組織工作、紛繁複雜的籌備事務、時差錯位的溝通聯繫⋯⋯憑着一股子不服輸的韌勁兒，這些年輕人終於看到了曙光。中國移動發出的邀請得到了國際運營商的積極響應，沃達豐、Orange、NTT DoCoMo、KPN 等紛紛表示對 GTI 很感興趣。

　　與 TD-LTE 相關的每一件事情似乎都沒有先例。在中國移動研究院的年輕人看來，每一次突破都像是一次創業，殫精竭慮，但收穫滿滿。創建一個中國主導的國際性組織，他們原先沒有想過，以前國內也從來沒有人做過。可以預見的困難和挑戰反而讓這群年輕人格外興奮。

　　經過一系列艱苦的前期準備，2011 年 2 月世界移動通信大會期間，中國移動聯合日本軟銀、印度巴帝電信、美國 Clearwire、英國沃達豐、德國 E-plus 和波蘭 Aero2 這些國際運營商共同發起成立了 TD-LTE 國際合作平台，即 TD-LTE 全球發展倡議（GTI）。GTI 的成立，標誌着全球性 TD-LTE 產業

合作平台的誕生，而這一組織完全由中國主導和運作。

　　中國主導的 GTI 以構建全球市場和加速 TD-LTE 商用為兩大主要工作方向，開創性地通過舉辦大型國際峰會、建立 GTI 官方網站、定期推送 GTI 英文產業簡報等一系列推廣活動，在全球廣泛宣傳 TD-LTE 技術，成功贏得了全球產業鏈、國際運營商、國際組織以及各國管制機構的關注和支持。

　　2013 年 2 月，中國移動高調發佈「雙百」計劃：4G 網絡覆蓋超過 100 個城市，4G 終端採購超過 100 萬部。在 TD-LTE 拓展全球市場的關鍵時刻，此舉有力提振了產業信心，高通、蘋果等國際頂尖企業紛紛加入 TD-LTE 陣營，TD-LTE 國際化之路正式邁向全球產業積極參與的正反饋發展軌道。

　　隨着 TD-LTE 在中國商用化的成功，GTI 的「朋友圈」也越來越大。數據顯示，截至 2019 年 5 月，GTI 已經吸引了全球 135 家運營商和 210 餘家廠商參與。

中國標準花開全球

　　隨着全球移動通信市場迅速走向寬帶化，頻譜資源愈發稀缺，在稀缺的頻譜資源中找到對稱的 FDD 頻段變得越來越困難。此時，原來未受足夠重視、未能充分利用的 TDD 頻譜凸顯出重要的戰略地位，中國創新對世界通信發展的貢獻也得

到了全球業界的廣泛認同。

一方面，傳統 FDD 主流運營商競拍 TDD 頻譜。與 3G 時代無人問津形成鮮明對比，傳統運營商均積極參加歐洲移動寬帶 TDD 頻譜拍賣，開展 TD-LTE 網絡測試，大力推動 LTE TDD/FDD 的融合發展。另一方面，TDD 頻譜價值凸顯。2010 年以後，多國 TDD 頻譜的拍賣價格已與 FDD 比肩，與 3G 時代 TDD 頻譜分配數量少、價格低廉的情況形成鮮明對比。

TD-LTE 是 TD-SCDMA 的演進方向，也是 WiMAX、PHS 等全球 TDD 技術的演進方向，它為大量此前長期未能充分利用的 TDD 頻譜提供了高效的應用方案，為全球各類運營商帶來了廣泛的發展機遇，對新技術變革中信息化平台構建、新興產業培育有着重要的貢獻，有助於促進全球移動寬帶的普及和社會的發展。

截至 2018 年初，全球已有 58 個國家和地區部署了 111 張 TD-LTE 商用網絡，其中包括 37 張 LTE TDD/FDD 融合網絡，TD-LTE 的全球用戶數超過 12.6 億戶。

突破性的思維帶來突破性的收穫，創新的實踐帶來創新的成果。持之以恆的國際化戰略的成功實踐，為中國主導的 TD-LTE 標準佈局全球 4G 市場奠定了堅實基礎。

5.8　闖出科技創新路

「要緊緊牽住核心技術自主創新這個『牛鼻子』，抓緊突破網絡發展的前沿技術和具有國際競爭力的關鍵核心技術，加快推進國產自主可控替代計劃，構建安全可控的信息技術體系。」2016 年 10 月 9 日，習近平在主持中共中央政治局就實施網絡強國戰略進行的第三十六次集體學習時強調。

自主創新，從來不易，特別是在以移動通信技術為代表的高科技領域。

2017 年 1 月 9 日，這是中國移動通信史上一個值得銘記的日子 ——「第四代移動通信系統（TD-LTE）關鍵技術與應用」榮獲 2016 年度國家科學技術進步獎特等獎。這是中國通信領域首次獲得國家科學技術進步獎特等獎，標誌着中國移動通信行業登上了科技創新的高峰。

這一殊榮的背後，是中國擁有自主知識產權的通信國際標準從 3G 時代國內市場「三分天下有其一」到 4G 時代佔據全球半壁江山的偉大跨越，是中國移動通信行業從跟隨到突破直至同步世界一流水平的歷史性轉折。

統計數據顯示，僅 2013 年到 2015 年，TD-LTE 累計直接產值（網絡設備、智能終端、運營收入）達到 1.29 萬億元。

其中僅 2015 年 TD-LTE 的經濟總貢獻就達到 8210 億元（直接經濟貢獻 2220 億元，間接經濟貢獻達 5990 億元），佔 GDP 增長的 9.6%。

工信部部長苗圩評價說，推廣 TD-LTE 是中國佔領無線寬帶移動通信行業制高點的一項重大舉措，推動 TD-LTE 產業發展壯大可以促進提升通信企業的綜合實力和國際競爭力，為中國發展自主可控的寬帶移動通信行業、保證國家網絡和用戶信息安全奠定堅實基礎。同時，TD-LTE 產業發展對中國擴大內需、經濟轉型升級將發揮重要作用。

所有參與、見證 TD-LTE 發展的人士都深知，今日成就是數十年的積澱，TD-LTE 取得市場化成功的原因值得深思。

1. 頻譜匱乏時代，TD-LTE 技術優勢突出

全球已進入無線寬帶時代，頻譜缺口巨大，2020 年各國頻譜需求將達到 1600～1800MHz。因此，TD-LTE 能夠高效利用非對稱頻率，具有適用於移動互聯網上下行不對稱數據流量的優勢，引發了全球電信運營商的熱切關注，得到國際通信行業的廣泛支持。通信專家曾做過一個形象的比喻，對稱的 FDD 就像城市雙行道，不對稱的 TDD 則像更高效的單行道。城市發展初期，雙行道流行；土地資源緊缺時，單行道成

為必需。頻譜資源稀缺的現實給 TD-LTE 這一高效利用頻譜的 4G 技術帶來了廣闊的發展空間，而 TD-LTE 也為世界移動通信的可持續發展貢獻了中國方案、中國智慧。

2. 政府協調有力，充分發揮國家整體優勢

縱觀全球通信史，一個國家的技術走向的選擇，從來不完全取決於技術本身的先進性，其背後是知識產權的爭奪、產業發展的較量、市場格局的整合，甚至國家戰略權益的考量。僅憑技術優勢，TD-LTE 如何能在各種力量的圍追堵截中，從標準化一步步走向產業化、商業化？深受科技落後之痛的中國近代史證明，我們沒有別的選擇，非走自主創新的道路不可。要走這條道路，單槍匹馬是不可能成功的，政府的支持不可或缺。

面對稍縱即逝的戰略機遇，發揮國家整體優勢「集中力量辦大事」成為必然選擇。TD-LTE 是中國創新驅動發展的典型案例，得到了中央高層的高度重視，得到了工信部等相關部委的聯動扶持，得到了各級地方政府的大力支持。

2007 年 11 月，TD-LTE 被正式寫入 3GPP 標準，之後僅一個月，國務院就召開常務會議，審議並通過了「新一代寬帶無線移動通信網」國家科技重大專項實施方案，TD-LTE 被列

為僅次於「飛天登月」工程和雜交水稻工程的第三項國家重大科技創新專項工程。2008 年 3 月，剛剛組建的工信部專門成立了一個覆蓋 TD-LTE 產業鏈各環節的「TD-LTE 工作組」，以有序推進 TD-LTE 產業化。統計數據顯示，2008 — 2013 年，國家財政對 TD-LTE 投資超過 40 億元。

　　從加強頂層設計到協調關鍵資源，從重大專項支持到保障網絡建設施工，如果沒有這些有利的政策和市場環境，就沒有 TD-LTE 市場化的初步成功。

3. 市場牽引拉動，運營主導協同創新

　　創新的主體是企業。在 TD-LTE 的發展過程中，中國移動充分發揮市場牽引作用，引領產業鏈協同創新意義重大。「相比 TD-SCDMA，TD-LTE 是個幸運兒，不僅在發展之初就得到了國家科技重大專項的支撐，而且一開始就得到了中國移動的有力支持。」工信部通信發展司司長聞庫如是評價。早在 TD-LTE 角逐全球標準之初，中國移動就加入了 TD-LTE 工作組，並在標準制定、技術創新、規模化測試中發揮了重要作用，特別是在 TD-LTE 產業化、商業化進程中，中國移動全力投入 4G，引領系統、終端、芯片、天線、測試、儀錶、軟件等產業各方合力共舉，探索了一條「從標準到產品、從設備到

組網、從技術到應用、從分散產業鏈到完整產業鏈」的協同創新路徑，不僅激發了本土企業的技術創新熱情，而且吸引了全球實力企業對中國 4G 的支持。

4. 國際化的視野，開放合作的理念

　　從 TD-LTE 誕生的第一天起，中國通信行業就確立了「融合發展、同步發展、國際化發展」的目標，以國際視野、開放姿態，積極與國際主流技術融合，大力吸引國際主流企業加入產業鏈。中國通信行業盡全力打破了「世界標準自己玩」的怪圈，盡全力破解了中國自主創新與吸納國際先進經驗高起點發展的矛盾。如今，TD-LTE 已經成為全球 TDD 技術共同演進的方向，中國也成為全球最大的 TDD 研發與產業基地，為在 5G、6G 等後續標準的競爭中搶佔先機贏得了更多可能。

尾聲

　　「我的網絡質量，就是我的生活質量。」
　　「手機不是萬能的，但沒有手機是萬萬不能的。」
　　…………

　　4G 時代，無網絡不人生，無手機不生活。手機，無論男女老少，包攬衣食住行，傳承琴棋書畫，縱橫市井田園，陪

伴生老病死……一部小小的智能手機，竟可以滿足馬斯洛提出的生理、安全、社交、尊重以及自我實現的五個層次的需求。手機，已經成了我們的助手，成了我們的朋友，成就了我們的事業。

而我們所享受到的這一切，正是源於寬廣的網絡覆蓋、優異的網絡質量、領先的技術實力、豐富的移動應用、低廉的使用成本所綜合作用的「化學反應」，這些因素缺一不可。

慶幸的是，中國抓住了稍縱即逝的時代機遇，實現了移動通信發展與世界的同步。

感謝那些大膽決策、闖關奪隘、奮勇創新、默默奉獻的中國通信人。

第六章

智能 5G，改變社會

引子

　　從誕生之日起，5G 就引起了全社會的矚目，仿佛自帶主角光環，無論什麼時候，都是人氣焦點。如果不能談兩句有關 5G 的話題，似乎就要落伍於時代。

　　4G 改變生活，5G 改變社會。2016 年，中國移動總經理李躍在中國移動全球合作夥伴大會上首次提出的這一概念，已經成為 5G 最深入人心、最廣為傳播的註解。5G 究竟有什麼神奇之處？為什麼會引起從普通大眾到行業精英如此廣泛的關注？5G 又會給我們帶來什麼改變？給社會運行方式帶來什麼衝擊？

　　讓我們一起探究 5G 的技術奧祕。

6.1　5G，你好

什麼是 5G

　　5G，就是 5th Generation Mobile Networks（第五代移動通信網絡），也可以稱為 5th Generation Wireless Systems（第五代無線通信系統），它是 4G 的下一代演進技術。5G 只

5G 圖標

是新一代移動通信技術標準的「小名」，它的「大名」（法定名稱）叫作 IMT-2020。這個名稱是 2015 年 10 月在瑞士日內瓦舉辦的 ITU 無線電通信全會上，由 ITU 正式確定的。

　　早在 2010 年前後，歐盟、日韓、美國和中國就已經紛紛啟動了對 5G 標準的研究。

　　中國的 5G 技術研發試驗是在政府領導下，依託國家科技

IMT-2020（5G）推進組的機構設置
來源：IMT-2020（5G）推進組官網

重大專項，由 IMT-2020（5G）推進組負責的。IMT-2020（5G）推進組於 2013 年 2 月由工信部、國家發展改革委和科技部聯合推動成立，涵蓋國內移動通信領域「產學研用」的主要力量，是推動國內 5G 技術研究及國際交流合作的主要平台。

　　ITU 啟動 5G 標準研究之初，曾面向全球徵集 5G 的指標要求，以及大家對 5G 的意見和期望，即希望 5G 實現哪些功能、解決哪些問題。

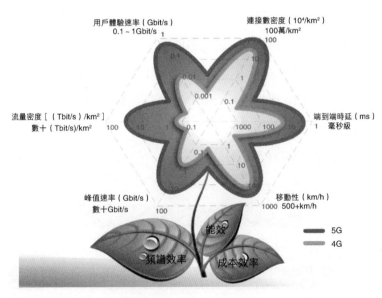

「5G 之花」
根據《IMT-2020（5G）推進組 5G 願景與需求》白皮書中的圖修改

中國提出的方案就是後來我們經常看到的「5G 之花」。這朵「5G 之花」源自中國移動研究院技術專家們的創意，詳細描述了中國對 5G 關鍵指標和特性的期望。例如，峰值速率能達到幾十吉比特 / 秒、端到端時延能控制到毫秒級。

其他國家也分別提出了各自對 5G 的看法和期望。例如，韓國提出的是「火車頭模型」。

最終，ITU 綜合各國意見，確認了 5G 的正式指標要求，這一指標要求也被業界稱為「蜘蛛網模型」。

這個模型採納了中國「5G 之花」中的大部分指標項目，歸納來說，就是下表中的要求。

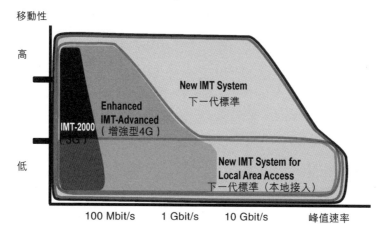

「火車頭模型」

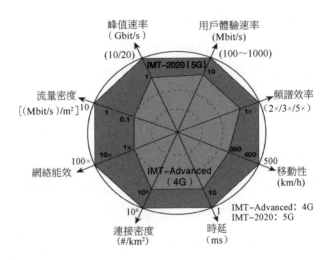

「蜘蛛網模型」

「蜘蛛網模型」的指標

指標	ITU 的要求值
流量密度	每平方米 10Mbit/s
連接密度	支持每平方千米 100 萬個用戶終端
時延	空中接口時延可達到 1ms
移動性	支持終端以 500km/h 的速度移動
網絡能效	100 倍
頻譜效率	2 倍 /3 倍 /5 倍
用戶體驗速率	可達 100〜1000Mbit/s
峰值速率	可達 10Gbit/s 或 20Gbit/s

這些指標和常見的網絡指標有很大不同，其中的連接密度、時延等指標，遠遠超過了正常手機用戶的需求。5G 在設計之初，就不只是為手機服務的。它主要的服務對象是 IoT（Internet of Things，物聯網）。以手機移動通信為代表的消費互聯網又稱「人聯網」，其連接對象是人，而物聯網的連接對象，當然就是世間萬物。

2015 年 9 月，ITU 正式確認了 5G 的三大應用場景，分別是 eMBB、uRLLC 和 mMTC。

eMBB（enhanced Mobile Broadband，增強型移動寬帶）是現在的移動寬帶的升級版，主要服務於消費互聯網。在這種場景下，強調的是網絡的帶寬／速率。

uRLLC（ultra Reliable & Low Latency Communication，低時延、高可靠通信）主要服務於物聯網場景，例如車聯網、無人機、工業互聯網等。這類場景對網絡的時延和可靠性有很高的要求。

mMTC（massive Machine Type Communication，海量機器類通信）也稱為大規模物聯網，是典型的物聯網應用場景，例如智能井蓋、智能路燈、智能水錶／電錶等。

這三種 5G 應用場景，只有 eMBB 以提供人聯網服務為主，uRLLC 和 mMTC 都是提供物聯網服務的應用場景。

5G，開啟萬物智聯新時代

5G 之所以要向物聯網的方向發展，是時代進階的需要。

從 1G 到 4G，人類的基本通信需求已經得到了很大程度上的滿足。雖然我們已經滿足了人與人之間的通信需求，建設了美好的數字生活，但是農業、工業、能源、科研、教育、醫療、物流、城市管理等領域都有數字化、信息化和網絡化的需求。這就引出了一個重要的新概念 —— 工業互聯網。消費互聯網加上工業互聯網，才是完整的互聯網。

隨着互聯網普及率的不斷提升，以個人應用為主的消費互聯網的發展已經接近飽和狀態。相對而言，工業互聯網是一片更為廣闊的藍海市場，有更迫切的需求，也有更龐大的用戶群。我們不再局限於數字生活，而是升級到了數字經濟這一更高維度，可以建設數字城市、數字工業、數字農業、數字物流，等等。在工業互聯網領域，我們需要的是物聯網。

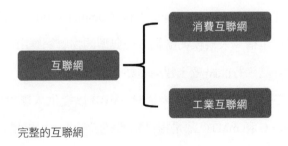

完整的互聯網

2005 年 11 月 27 日，在突尼斯舉行的信息社會世界峰會上，ITU 發佈了《ITU 互聯網報告 2005：物聯網》，正式提出了物聯網的概念。此後，越來越多的企業加入這一領域，努力推動相關技術和產業的發展。

但是，物聯網的概念提出後的十餘年來，其發展速度並不令人滿意，既沒有很突出的產品出現，也沒有獲得用戶的認可，整體普及程度並不高。這其中很重要的一個原因，就是物聯網技術本身不夠成熟，而且行業未能形成統一的標準。

4G 時代，4G LTE 衍生出了蜂窩物聯網技術 eMTC（enhanced Machine-Type Communication，增強型機器類通信）和 NB-IoT（Narrow Band-IoT，窄帶物聯網）。這類新型物聯網技術的出現極大地豐富了物聯網的應用場景，也滿足了越來越多行業用戶的需求，給物聯網的發展注入了活力。

時至今日，人類社會面對工業互聯網發展的歷史機遇，希望通過先進的通信技術（物聯網技術）和 IT 技術，幫助各行各業進行數字化、網絡化、智能化的改造，實現「互聯網＋」和「互聯網賦能」，全面走向數字經濟時代。

5G，作為 4G 的接班者，作為目前最先進的蜂窩移動通信技術，就順理成章地承擔了「改變社會」的歷史使命，成為開啟「萬物智聯」時代大門的金鑰匙。

5G 標準制定的進展

前文我們提到，ITU 確認了 5G 的官方名稱、技術指標和應用場景。不過，ITU 主要負責標準的立項和成果鑒定，並不負責具體的技術研究。真正的標準研究和制定工作交給了 3GPP。3GPP 研究並制定了 WCDMA 這個最成功的 3G 標準，後來又推出了更加成功的 4G LTE 標準。在大家看來，由它負責 5G 標準的研究，是再合適不過的了。

3GPP 接到任務之後，就立即開始按 5G（IMT-2020）標準的時間表着手各項具體技術的標準研究工作。

5G 標準的制定一共分為兩個階段。第一階段，發佈的是 3GPP Release 15（簡稱 R15）版本，重點是確定 eMBB 場景的相關技術標準。也就是說，先重點滿足帶寬提升的要求。2019 年上半年，這個階段已經成功完成。R15 版本已經正式發佈。

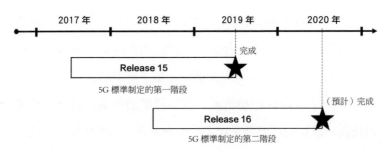

5G（IMT-2020）標準的時間表

第二階段，將發佈 3GPP Release 16（簡稱 R16）版本，也就是完整的 5G 標準。這一版本將包括 uRLLC 和 mMTC 場景相關的技術規範。這個階段的預計完成時間是 2020 年 6 月。也就是說，目前 5G 標準只完成了一半，剩下的部分還要等到 2020 年才能完成。

從商用落地的情況來看，韓國、美國和中國都已經推出了 5G 商用網絡。2020 年，3GPP R16 版本發佈之後，這些網絡會進行必要的升級和改造。

6.2 5G NR 關鍵技術

5G 作為目前最先進的移動通信技術標準，在性能指標上相比 4G 有了大幅提升。這些提升得益於移動通信領域在關鍵技術上的長期積累和突破創新。總體上來看，5G 的技術革新主要集中在兩個方面：一個是無線空中接口能力的深入挖掘，另一個是網絡架構的全面升級。

移動通信網絡的架構分為接入網、承載網和核心網三個部分。整個系統中最大的瓶頸仍然集中在接入網部分，即終端和基站之間的無線空中接口（簡稱無線空口）部分。在這個部分，信息數據是利用空間電磁波進行傳輸的，屬於無線通信。

而在承載網和核心網部分，信息數據主要是在同軸電纜、雙絞線（網線）、光纖這些實體線纜上傳輸的，屬於有線通信。

目前而言，有線通信的傳輸速率和可靠性遠遠超過無線通信。

以光纖為例，截至 2019 年 2 月，中國已經首次完成 1.06Pbit/s 超大容量光傳輸系統試驗，可以在 1s 之內傳輸約 130 塊 1TB 硬盤所存儲的數據，可以同時容納 300 億人打電話。我們平時日常生活中使用的光纖，傳輸速率也能夠達到 1～10Gbit/s。

而無線通信方面，Wi-Fi 的理論速率大約是 866Mbit/s（單天線、802.11ac），4G LTE 理論速率是 150Mbit/s（FDD

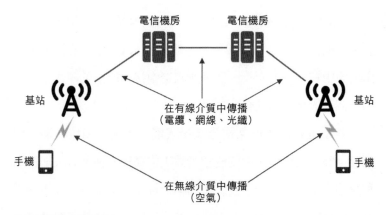

無線通信和有線通信

LTE，且不採取載波聚合），差距很大。

無線空口是 5G 技術的研究重點。5G 的無線空口有專門的稱謂，叫作 5G NR（New Radio），即 5G 新空中接口技術。

接下來，我們就介紹一下 5G NR 的主要關鍵技術。

毫米波

一直以來，我們主要將頻率在 10^{12}Hz 以下的電磁波用於通信。為了避免干擾和衝突，我們在電磁波這條「公路」上進一步劃分「車道」，將其分配給不同的對象，用於不同的目的。

普通手機用戶使用的是公用移動通信網絡。這類通信佔用的頻率主要是從中頻到超高頻這個範圍的頻段。目前，全球主流的 4G LTE 標準所用的頻段屬於特高頻和超高頻。

從 1G 到 4G，使用的電磁波頻率越來越高。這是因為低頻段的頻譜資源實在太稀缺了，頻率越高，能使用的頻譜資源越豐富，頻譜資源越豐富，能實現的傳輸速率也越高。

到了 5G 時代，使用的電磁波頻率就更高了。

5G 的頻率範圍，分為兩種：一種是 FR1 頻段，工作頻率在 6GHz 以下，和目前的 4G 差別不算太大，該頻段也被稱作 Sub-6 頻段；另一種是 FR2 頻段，頻率高出很多，在 24GHz 以上。

不同頻率電磁波的用途

名稱	符號	頻率	波段	波長	主要用途
甚低頻	VLF	3～30kHz	超長波	10～100km	海岸潛艇通信；遠距離通信；超遠距離導航
低頻	LF	30～300kHz	長波	1～10km	越洋通信；中距離通信；地下巖層通信；遠距離導航
中頻	MF	0.3～3MHz	中波	100m～1km	船用通信；業餘無線電通信；**移動通信**；中距離導航
高頻	HF	3～30MHz	短波	10～100m	遠距離短波通信；國際定點通信；**移動通信**
甚高頻	VHF	30～300MHz	米波	1～10m	電離層散射通信；流星餘跡通信；人造電離層通信；對空間飛行體通信；**移動通信**
特高頻	UHF	0.3～3GHz	分米波	0.1～1m	小容量微波中繼通信；對流層散射通信；中容量微波通信；**移動通信**
超高頻	SHF	3～30GHz	厘米波	1～10cm	大容量微波中繼通信；**移動通信**；衛星通信；國際海事衛星通信
極高頻	EHF	30～300GHz	毫米波	1～10mm	再入大氣層時的通信；波導通信

目前，對於 FR2 頻段，國際上主要使用 28GHz 進行試驗。關於電磁波有一個重要的物理公式，就是「光速 = 波長 × 頻率」。也就是說，電磁波的頻率和波長成反比，頻率越高，波長越短。如果按 28GHz 來算，波長約為 10.7mm。

$$波長 = \frac{光速}{頻率} = \frac{300\ 000\ 000\ \text{m/s}}{28\ 000\ 000\ 000\ \text{Hz}} \approx 10.7\ \text{mm}$$

這個就是 5G 的第一個技術特點 —— 毫米波。

既然高頻率能帶來更高的傳輸速率，為什麼之前我們不用高頻率呢？原因很簡單，不是不想用，是用不起。

電磁波的一個重要特性是：波長越短，越趨近於直線傳播（繞射能力越差）。頻率越高，在傳播介質中的衰減也越大。

例如我們平時見過的激光筆（所用電磁波的波長為 635nm 左右），射出的光就是筆直的，若被擋住就過不去了。衛星通信和 GPS 導航（所用電磁波的波長為 1cm 左右），如果有遮擋物，同樣會容易丟失信號。衛星地面站的「大鍋」（天線）必須校準瞄着衛星的方向，哪怕稍微歪一點，都會影響信號質量。

移動通信網絡如果使用了毫米波這樣的高頻段電磁波，那麼，就會造成傳輸距離大幅縮短、覆蓋能力大幅減弱的後果。

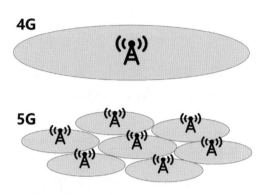

4G 和 5G 的覆蓋對比

　　5G 網絡覆蓋同一個區域，需要的基站數量將大幅超過 4G。基站數量激增，意味着投資成本的大幅增加。所以，運營商使用的無線電磁波頻率越低，網絡建設就越省錢，競爭起來就越有利。這就是為什麼運營商都希望獲得低頻段的資源用於網絡建設，低於 1000MHz 的頻段甚至被稱為黃金頻段。

微基站

　　為了儘可能減輕網絡建設方面的成本壓力，5G 還「想出」了其他辦法。

　　首先，就是微基站。

　　基站按大小和天線發射功率，通常分為宏基站、微基

宏基站

皮基站

站、皮基站和飛基站。微基站、皮基站和飛基站都很小，所以後兩者通常也被籠統地歸為微基站。宏基站就是大基站，在室外很常見。微基站就是小基站，主要用於室內。

　　其實，微基站此前已被廣泛使用。到了 5G 時代，微基站會更多地出現在我們身邊。

　　那麼多基站在身邊，會不會對人體造成影響？本書第四章已經詳細解答過這個問題。其實，和傳統認知恰恰相反。大家可以想像一下，冬天在寒冷的教室裏，同學們坐在座位上，是採用一個大功率取暖器好？還是採用若干個小功率取暖器好？

大功率取暖方案

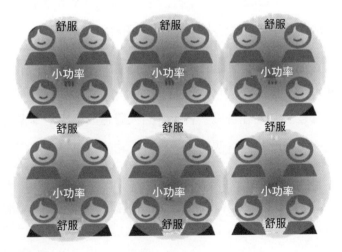

小功率取暖方案

　　從前頁圖中可以看出，如果採用一個大功率取暖器，離取暖器近的同學會很熱，離取暖器遠的同學會很冷。如果採用多個小功率取暖器，各個位置的同學獲得的熱量會比較均衡，大家都會比較舒服。

　　同樣的道理，如果只採用一個大基站，離得近，輻射大，離得遠，信號弱，反而不好。

　　5G 基站的信號覆蓋範圍比較小，大量採用微基站，是必然的選擇。

Massive MIMO

　　天線是無線通信系統中最重要的部件之一。為了能實現更高的性能，5G 在天線上做足了文章。

　　根據天線的特性，天線長度應與波長成正比，為波長的 $1/10 \sim 1/4$。5G 的工作頻率比 2G、3G、4G 更高，故 5G 的波長會很短，達到毫米級。所以，5G 的天線長度相比以往要大幅縮短，也達到毫米級。以前 1G 時代的「大哥大」有很長的天線，而現在的手機都看不到天線，正是因為後者的工作頻率高、波長短。

　　天線長度變成毫米級，意味着它完全可以藏到手機的內部，甚至可以藏很多根。這就是 5G 的第三大「撒手鐧」——Massive MIMO（大規模天線陣列）。

在 LTE 時代，我們就已經採用了 MIMO 技術。我們的很多 Wi-Fi 路由器也採用了這個技術。但是，天線數量並不算多，只能說是初級版的 MIMO。到了 5G 時代，MIMO 技術變成了加強版的 Massive MIMO 技術，Massive 就是大規模的意思。

手機裏面能夠安裝很多根天線，基站就更不用說了。以前的基站，天線只有幾根。5G 時代，天線數量不是按「根」來算，而是按「陣」──天線陣列來算，有上百根天線。

天線數量的大幅增加，將有利於提升手機和基站之間的數據傳輸速率。

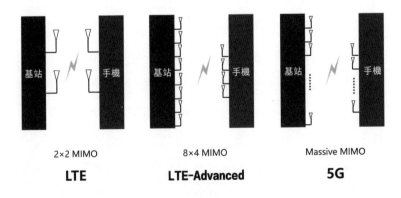

MIMO 的演進

傳統基站的天線　　　　　　5G 基站的天線陣列

波束賦形

採用天線陣列技術除了可以增加速率帶寬之外，還可以有效提升無線信號的覆蓋效果。

我們可以通過燈泡的例子來分析。基站發射信號的時候，比較像燈泡發光。燈泡的光會照亮整個房間。但是有時候，我們只是想照亮某個區域或物體，這樣的話，其實大部分的光都浪費了。

基站也是一樣，大量的能量和資源都浪費了。

如何才能避免浪費？這裏涉及天線的一項重要技術 ——波束賦形（beamforming）。在基站上佈設天線陣列，通過對射

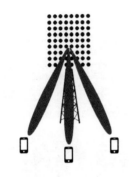 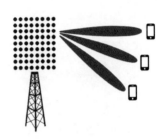

水平方向的波束賦形　　　　　　　垂直方向的波束賦形

頻信號相位的控制，使得相互作用後的電磁波波瓣變得非常狹窄，並指向它所提供服務的手機，而且能根據手機的移動而轉變方向。這個技術就是波束賦形。

　　這種空間復用技術由全向的信號覆蓋變成了精準指向，波束之間不會相互干擾，在相同的空間中能夠提供更多的通信鏈路，極大地提高了基站的服務容量。

　　在 5G 系統中，3D 波束賦形既可以實現水平方向的波束賦形，也可以實現垂直方向的波束賦形，對建築物不同樓層的覆蓋效果將會有所提升。

D2D

　　在目前的移動通信網絡中，如果兩個終端互相通信，信

號是通過基站進行中轉的，包括控制信令和數據包。即便是兩
個終端離得很近，甚至面對面，也是如此。

而在 5G 時代，就不一定是這種情況了。因為 5G 還有第
五大技術特點 —— D2D（Device to Device，設備到設備）。

5G 時代，同一基站覆蓋範圍內的兩個終端，在相互之間
的距離滿足條件的情況下，如果進行通信，它們的數據將不再
通過基站中轉，而是直接從終端到終端。

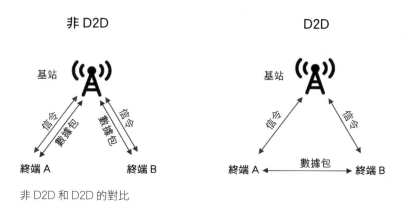

非 D2D 和 D2D 的對比

這樣就節約了大量的空中資源，也減輕了基站的壓力，
有利於降低成本和提升效率。

除了毫米波、微基站、Massive MIMO、波束賦形、D2D
之外，5G NR 還有很多技術創新，例如上下行解耦、非正交

多址接入技術等。正是這些技術創新，幫助 5G 極大地提升了空中接口的工作能力和效率，從而奠定了 5G 作為有史以來最強通信技術標準的地位。

6.3　5G 網絡架構的改進

想要實現 5G 性能指標的飛躍，只對空中接口做改進肯定是不夠的。除了接入網外，包括承載網和核心網在內的 5G 系統的各個環節，都需要進行全面的技術革新。

與此同時，網絡運維的成本和效率壓力也是對網絡進行重構的動力來源。

面對未來不斷增長的用戶規模，還有日趨激烈的市場競爭，電信運營商面臨巨大的贏利壓力，迫切需要儘可能地降低網絡運營的難度和成本。所以，運營商需要一張支持業務快速部署、容量彈性伸縮、資源動態分配的網絡，一張可靠性高、容災能力強、恢復速度快的網絡，一張維護簡單、管理靈活的網絡。簡而言之，就是雲化、智能化、綠色化。

5G 的網絡架構，究竟做了哪些改進呢？

改進一：網絡切片

說到 5G，一定會提到網絡切片。網絡切片是 5G 網絡架構設計的核心技術。

5G 的業務範圍非常寬泛，不同的業務場景對於帶寬等網絡資源的需求是完全不同的。5G 網絡不可能根據每個業務來配置各自獨立的物理設施，於是在物理網絡中通過邏輯控制來劃分不同用途的邏輯網絡，支撐不同的應用，這就是切片。

這些切片網絡之間互相隔離，不受影響，甚至還可以在同一類切片子網絡下再次進行資源的劃分，形成更低一層的切片子網絡。這些切片也有自己的生命周期。如果不再需要某個業務，對應的這個切片就會被收回，可實現靈活調度。

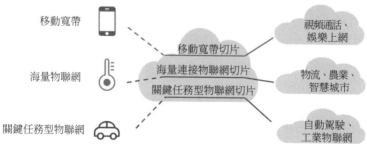

移動寬帶

視頻通話、娛樂上網

移動寬帶切片

海量物聯網

海量連接物聯網切片

物流、農業、智慧城市

關鍵任務型物聯網切片

關鍵任務型物聯網

自動駕駛、工業物聯網

5G 網絡切片

網絡切片技術能夠很好地滿足業務多樣化的需求，也可以實現網絡資源的高效管理，是 5G 作為融合網絡的基本前提。

改進二：NFV/SDN

5G 之所以能夠實現各個模塊的統一管理和資源切片，就是因為它採用了 NFV 技術和 SDN 技術。

NFV，全稱是 Network Function Virtualization，即網絡功能虛擬化。現在經常提到的虛擬化，指的就是它。

以前，包括核心網在內的移動通信網絡，主要採用的是各個廠家自行設計製造的專用設備。現在，隨着 x86 通用服務器硬件的能力不斷增強，在這些硬件的基礎上，通過虛擬化軟件平台（如 OpenStack），把物理計算節點（如 CPU、內存等）、物理存儲（如硬盤）、物理網絡（如網卡）等硬件資源進行統一管理，按需分配，這就是虛擬化。

虛擬化之後，若干台物理服務器就變成了一個大的資源池。在資源池上，可以劃分若干個虛擬服務器，提供給不同的應用軟件使用。

採用 NFV 可實現軟件和硬件更加徹底的解耦，使得核心網那些複雜的網絡功能不再依賴單獨的硬件設備，既降低了硬

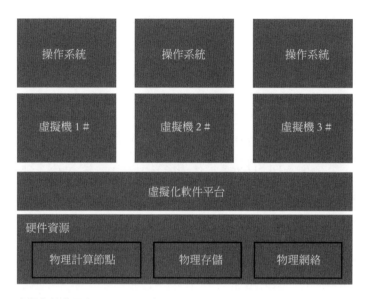

虛擬化軟件平台

件成本，又實現了業務的快速開發和部署，還能夠實現自動部署、彈性伸縮、故障隔離和自愈等可大幅提升維護效率、降低能耗的功能。

在 NFV 的支持下，5G 核心網實現了 SBA（Service Based Architecture，基於服務的架構），類似於 IT 裏的微服務架構。也就是說，5G 核心網中每個網元的功能更加獨立，可以單獨提供服務。而 4G 核心網的結構中，很多網元功能和服務都集中在一個設備上，既不靈活，也不安全。

SDN（Software Defined Network，軟件定義網絡）的設計思路其實和 NFV 一樣，都是通過解耦來實現系統靈活性的提升。NFV 是軟硬件解耦，而 SDN 是控制平面和數據平面解耦。

傳統網絡中，各個路由轉發節點都是獨立工作的，缺乏統一的調配。而 SDN 就是在網絡裏引入了一個 SDN 控制器節點，用於統一指揮下層設備的數據轉發。管理者只需像配置軟件程序一樣進行簡單部署，就可以讓網絡實現所需要的功能，而不用像以前一樣親自去配置每個網絡設備，網絡的靈活性和可擴展性大大增加。

NFV 和 SDN 技術是實現 5G 網絡切片的前提條件，也是未來網絡發展的主要方向。

改進三：MEC 移動邊緣計算

5G 網絡架構變革中，還有一個很重要的變化，就是 MEC（Mobile Edge Computing，移動邊緣計算）。

移動邊緣計算是基於 5G 演進的架構，將無線接入網與互聯網業務深度融合的一種技術。它利用無線接入網就近提供電信用戶 IT 所需服務和雲端計算功能，從而創造出一個具備高性能、低延遲和高帶寬的電信級服務環境，節約帶寬

資源，改善用戶體驗。邊緣計算主要是面向時延敏感型業務和資源消耗型業務，例如 VR/AR、車聯網、工業互聯網、室內定位等。它的本質就是雲網融合。雲是 IT 的概念，網是通信的概念。換言之，邊緣計算有移動通信網絡的天然屬性，本質上又屬於計算中心。它的出現有利於 5G 網絡無線能力的開放，也能夠提供更多定製化的業務，滿足用戶多樣化的需求。

6.4　5G+XR，沉浸式體驗震撼來襲

雖然 5G 有前瞻性的設計，也有優異的性能指標，還有數不清的「黑科技」，但這些都不能保證它一定會取得成功。最終決定 5G 成敗的，是其市場表現，是用戶的認可度。

相比 4G，5G 的應用領域發生了翻天覆地的變化。它不再局限於為手機用戶提供移動互聯網服務，更大的「野心」是為整個社會構建網絡連接平台，提供全維度的實時網絡接入能力。5G 將會滲透到家庭、工業、農業、醫療、教育、商業、金融等各個領域，連接所有行業和生態圈，成為數字經濟時代最重要的基礎設施。

真正適合 5G 發揮作用的移動互聯網場景集中在超高數據

帶寬的相關應用上，例如超高清視頻媒體類業務。相比 4G，5G 的 eMBB 場景網絡速率提升了 10 倍以上，應對清晰度極高的超高清視頻將更加得心應手、遊刃有餘。4G 時代短視頻業務的爆發展示了視頻業務的旺盛生命力和發展潛力。藉助 5G 的超高帶寬，短視頻、長視頻以及視頻社交會不會演變出新的形態，會不會成為新的移動互聯網增長點，是行業內外人士共同關注的話題。

如果說手機視頻、電視視頻對 5G 不存在剛性需求的話（畢竟 4G LTE 理論上完全可以滿足需求），另一個視頻形態對 5G 可以說是望眼欲穿了 —— 那就是以 VR/AR 為代表的 XR 技術。下面我們就來了解一下 5G 的最熱門的應用之一 —— 5G+XR。

VR（Virtual Reality，虛擬現實）的實現過程，是利用計算機模擬產生一個虛擬空間，提供視覺、聽覺、觸覺等感官的模擬，讓使用者可以即時地、沒有限制地觀察虛擬空間內的事物，並與之交互。簡單來說，就是通過佩戴專門的設備（如 VR 眼鏡），製造一個完全虛擬的環境，讓你身臨其境、沉浸其中。它提供給體驗者的是「720 度全景無死角 3D 沉浸觀感」。

AR（Augmented Reality，增強現實）則通過計算機技術，

將虛擬的信息應用到真實世界，真實環境和虛擬物體實時疊加到同一個畫面或空間。

簡單來說，通過 VR 看到的場景和人物全是假的（由設備產生圖像，放給你看），圖像將你的意識帶入一個虛擬的世界。通過 AR 看到的場景和人物一部分是真的，另一部分是假的，是把虛擬的信息帶入現實世界中。

除了 VR、AR 之外，還有 MR（Mixed Reality，混合現實），所有這些，我們通常統稱為 XR。

5G 和 XR 之間有非常密切的關係。業界普遍認為，XR 將是 5G 最重要也是最先落地應用的領域，而 5G 反過來又很可能是 XR 行業快速增長的強心劑。

XR 技術的本質其實就是用高質量的圖像來「欺騙」大腦。想要達到完美的「欺騙」效果，就要滿足兩個基本要求：第一，完美的視網膜體驗；第二，完美的無眩暈體驗。這兩個要求對系統軟硬件及網絡能力提出了很高的要求。

想要實現完美的視網膜體驗，就要求系統必須具備 16K 的分辨率，並且要求視頻幀數達到 120frame/s。16K 的分辨率，指視頻圖像像素達到 15360×8640。目前，市場上主流液晶電視機的分辨率才 4K，也就是像素達到 4096×2160。相同前提條件下，16K 圖像的數據量是 4K 圖像的 15 倍。

120frame/s 就是每秒 120 幀圖像，目前，普通視頻一般只有 40 幀，這就意味着二者間有 3 倍的數據量差別。分辨率和幀數兩個因素相結合，就是 45 倍數據量的差別。如此驚人的數據量提升，不僅給系統的計算能力帶來巨大壓力，也對系統的數據通信能力提出嚴峻考驗。

目前的 XR 終端，例如 VR/AR 眼鏡、頭盔，基本上都不具備獨立完成如此海量的數據計算的能力，存儲能力也非常有限。相關視頻圖像的渲染計算等工作一般由附近的本地計算系統或者雲端的雲計算系統完成。如何將數據實時且無損失地傳輸到計算系統上，是問題的關鍵。

數據傳輸到底需要多大的帶寬呢？根據研究人員的測試結果，如果使用頭戴式的 VR 眼鏡，要達到完美的視網膜體驗，則網絡帶寬必須大於 4.2Gbit/s。如果帶寬小於這個值，將導致畫面質量損失，出現顆粒感，同時，視野範圍也會受限，進而影響用戶的沉浸感。

除了帶寬速率之外，XR 通信系統還有一個很重要的指標，就是傳輸時延，即畫面會不會延遲。如果傳輸時延較大，當體驗者左右扭頭觀看時，圖像不能及時變換，影響用戶體驗。時間稍長，用戶很容易產生眩暈感，甚至嘔吐。測試結果顯示，時延的門限值是 7ms，只有當時延小於該值，才能避

免用戶產生不適。

4.2Gbit/s、7ms，這就是 XR 系統對通信網絡的要求。

我們現在常用的無線通信技術之中，沒有任何一個能夠完美符合這個要求。例如 4G LTE 技術，帶寬只有 150Mbit/s（即使採用載波聚合技術，也只能達到 1Gbit/s），時延在 40ms 左右，無法滿足要求。再例如 Wi-Fi 技術，帶寬大概是 867Mbit/s（802.11ac 標準），也無法滿足要求。因此，一直以來，XR 都是採用有線（光纖、數據線）的方式，保證數據傳輸的穩定可靠，或者只能降低畫面質量等級，犧牲用戶體驗。

5G 技術誕生之後，無線數據傳輸的問題終於有了解決方案。5G 的帶寬最高可以達到 20Gbit/s，傳輸時延可以低至 1ms。這樣的指標完美地滿足了 XR 的需要。也就是說，用戶佩戴 XR 設備終於能夠實現無線化了。

除了空中接口之外，5G 在網絡架構上的變化，如網絡切片以及邊緣計算中心，使 XR 的系統時延可以進一步減小，有利於低時延場景的應用。

2019 年，中國電信和中央電視台合作實現了春晚首次 5G+VR 現場連線直播。這是第一次實現 VR 超高清視頻內容的 5G 傳輸，也是央視第一次用 5G 網絡進行 VR 春晚節目直播。這次直播充分展現了 5G 在 VR 視頻內容傳輸上的卓越能

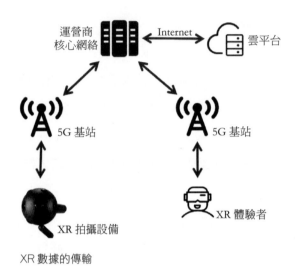

運營商核心網絡　Internet　雲平台

5G 基站　　　　5G 基站

XR 拍攝設備　　　XR 體驗者

XR 數據的傳輸

力。此後，在包括全國兩會在內的多個重大場合，運營商都進行了 5G+VR 直播。現場的每一幀畫面都能實時傳送，讓遠在千里之外的觀眾可以感受到現場的真實環境和氣氛，極大地提升了用戶的觀看體驗。

　　除了視頻直播之外，5G+XR 在遊戲娛樂、培訓教育、遠程醫療、工業互聯等領域，都有非常廣闊的應用前景。例如，在培訓教育領域，5G+XR 可提供身臨其境的場景模擬，避免搭建真實環境所帶來的高昂費用，顯著降低了培訓成本，同時保證了培訓效果。再例如，在工業領域，生產線工作人員可以通過 5G+XR，對設備進行更全面的檢查，既可以看

到設備的真實運行情況（如狀態燈、系統讀數），也可以通過 AR 看到更多的系統運行信息。工作人員甚至可以在遠端，通過佩戴 VR 眼鏡，對設備進行遠程檢查和維護。

總而言之，5G 幫助 XR 產業解決了技術瓶頸問題，解鎖了更多的行業應用場景。在 5G 的協助下，XR 從業者可以將更多的精力放在內容開發上，從而推動 XR 產業以更快的速度向前發展。與此同時，XR 作為 5G 的主要需求來源，又將促進 5G 的落地普及。5G+XR，兩者將相互帶動，共同發展。

6.5　5G＋車聯網，發軔之始

相對移動互聯網來說，物聯網場景才是 5G 真正的舞台。5G 物聯網方向應用的重要性和場景種類遠遠超過移動互聯網方向。

接下來介紹和分析 5G 物聯網應用中最重要也是最典型的場景 —— 車聯網。車聯網，英文縮寫是 IoV，即 Internet of Vehicles。簡單來說，車聯網就是由汽車及汽車交通運輸系統相關元素組成的通信網絡。車聯網不僅把車與車連接在一起，它還把車與行人、車與路、

車與基礎設施（如信號燈等）、車與網絡、車與雲連接在一起。上述連接都可以統稱為 V2X（車聯萬物，X 代表 everything，任何事物）。V2X 就是真正意義上的車聯網。

在車聯網裏，時延是優先級很高的一個指標。時延的長短對車輛的安全行駛有着重要影響。

我們來計算一下，假設現在高速公路允許的最高速度是 120km/h，約為 33m/s。如果晚 1s 剎車，就意味着多了 33m 的制動距離。如果晚 0.1s，是 3.3m。如果晚 0.01s，是 0.33m。生與死之間，有時候就是這不到半米的距離。

所以，車聯網對網絡時延的要求是個位數的毫秒級。LTE 網絡的時延是 30～100ms，有時候甚至更高，不符合要求。

但是，5G 作為 4G LTE 的演進，可以滿足要求！5G 三大應用場景之一的 uRLLC 場景，也就是低時延、高可靠通信場景，專門滿足像車聯網這樣的需求。在這個場景下，5G 的時延為 10ms 以內，甚至可以達到 1ms。

除了時延之外，5G 還擁有很多 4G LTE 不具備的優點 —— 它擁有更高的帶寬，支持更大數量的連接，還支持終端以更高的速度移動，例如 500km/h。這個速度不僅可以滿足汽車的要求，就算在高鐵上使用也完全沒有問題。

正因為 5G 有這麼多 4G LTE 不具備的優點，所以能夠更好地解決困擾車聯網發展的車輛對外通信能力的問題。有了 5G 的支持，車聯網的潛力可以被進一步激活和釋放。

在 5G+ 車聯網的場景下，車輛內部所有傳感器的數據都將聯網，所有關於車輛運行狀態的信息都會實時傳送到雲計算中心或者邊緣計算中心。圍繞這些信息數據，可以挖掘出海量的商業應用。

例如，汽車油量（電量）低於告警值，相關信息會很快反饋給車主和雲端。雲端會告知車主哪裏有加油站（充電樁），並提供導航信息數據和價格數據。再例如，車輛的某個零部件數據異常，雲端會進行分析，然後告知車主可能存在的風險，提供處理建議，或者提供維修點信息及導航信息。在 5G+ 車聯網的幫助下，地圖導航、擁堵路況、停車位、氣象等信息都可以實時和車輛同步，車主享受影音娛樂更是輕而易舉。

這些還只是 5G+ 車聯網的基礎應用。5G+ 車聯網的高級應用當然是遠程駕駛和自動駕駛。自動駕駛可以說是車聯網發展的終極目標。5G 有利於計算中心對所有車輛、路況信息數據進行採集，然後在車輛間分享。例如，前車發現山坡墜石，自行避讓的同時，會將這個信息告訴幾千米甚至幾

十千米之外的後方車輛，提前進行規避準備。這無疑大大開闊了車輛的「視野」，也提高了自動駕駛的安全性。在 5G＋車聯網場景中，車輛攝像頭採集的高清數據可以被快速傳輸到雲端。5G 切片技術還能夠給車聯網提供可靠的服務質量保證，提升可靠性。5G 的邊緣計算中心也是自動駕駛的重要組成部分。所以說，自動駕駛需要 5G，5G 是自動駕駛的可靠保證。

此外，5G＋車聯網，配合雲計算、大數據和人工智能技術，還可有效解決城市內部交通擁堵問題。汽車和各種交通基礎設施（如信號燈、攝像頭）將通過 5G 接入雲計算中心和邊緣計算中心。通過雲計算及大數據技術，對這些交通數據進行分析和計算，可以掌握整個城市的交通流量、擁堵狀況，通過人工智能（Artificial Intelligence，AI）技術可以做出合理的決策，對所有道路車輛進行路徑規劃，輔以交通調度。這樣可以最大效率地提升城市的運力，同時還會大幅降低交通事故的發生概率。

總而言之，5G 將對車聯網的發展提供巨大的幫助，也很可能徹底改變我們的出行方式。

6.6 5G＋無人機，凌空展翼

看了地上跑的，我們再來看看天上飛的。無人機也是 5G 商業應用的一個重要方向。5G 在農業、電力、環保等領域的很多應用場景都和無人機有着密切的關係。

目前應用最多的是右圖這種民用旋翼無人機，可用於農藥播撒、物流運輸、視頻拍攝等，給我們的工作和生活帶來了很大便利。

一個完整的無人機系統，除了機身之外，還包括地面的遙控子系統。傳統的無人機操控方式屬於點對點通信。無人機操控者（飛手）通過遙控器控制無人機的飛行動作。遙控器和無人機之間的數據傳輸採用的是 Wi-Fi 或藍牙的方式。

民用旋翼無人機

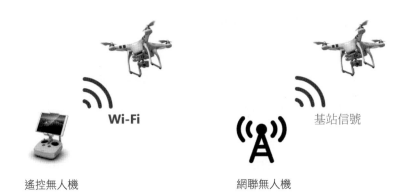

Wi-Fi

基站信號

遙控無人機　　　　　　　　網聯無人機

　　Wi-Fi 或藍牙通信存在很大的弊端，最突出的問題就是通信距離非常有限。全新的無人機通信方式——網聯無人機是利用基站來聯網無人機。相對於 Wi-Fi，蜂窩基站覆蓋範圍更廣，將使無人機的通信更加靈活、可靠。

　　無人機與地面的通信主要有三種目的：圖傳（傳輸視頻或圖像）、數傳（傳輸數據）和遙控。其中，圖傳對無人機通信能力的要求是最高的。

　　無人機主要用來航拍，距離拍攝對象通常都比較遠，720p（4G LTE 蜂窩通信）或 1080p（Wi-Fi 點對點通信）的分辨率無法讓用戶看清想要看到的物體，例如在查看設備指示燈和人臉識別時。

　　除了速率帶寬之外，4G LTE 在其他很多方面也不能滿足

用戶的需求。例如，在定位方面，現有 4G 網絡在空域的定位精度約為幾十米（如果採用 GPS 定位，精度大約在米級），在一些需要更高定位精度的應用（如園區物流配送、複雜地形導航等）中，必須考慮增加基站提供輔助才能實現。此外，在覆蓋空域方面，4G 網絡只能覆蓋空域 120m 以下高度的範圍，在 120m 以上（一些高空需求，如高空測繪、幹線物流等）的高度，無人機容易出現失聯狀況。

5G 的出現將徹底解決以上問題。就以上文介紹的圖傳為例。5G 的超高傳輸帶寬完全可以滿足 4K 甚至 8K 的超高清視頻圖傳。相比於地面傳統攝像頭靜態、低緯度的視角，無人機搭配 5G，將實現動態、高緯度的超高清廣角俯視效果。

更厲害的是，相比於傳統無人機只能用單鏡頭相機拍攝，在 5G 的支持下，無人機可以吊裝 360° 全景相機進行多維度拍攝，並將圖像實時傳回地面。地面上的人員可以通過 VR 眼鏡等進行多角度觀看。

換言之，無人機會真正成為一覽無餘的「天眼」。

除了超高速率之外，5G 網絡還具有超低時延的特性，能夠提供毫秒級的傳輸時延。這將使無人機響應地面命令更快，地面飛手對無人機的操控更加精確。配合 5G 提供的厘米級定位精度，可以滿足城區這樣複雜地形環境的飛行需求。

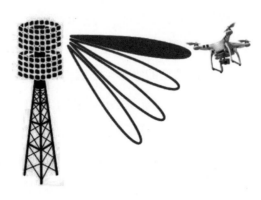

波束賦行示意圖

5G 所採用的 Massive MIMO 大規模天線陣列以及波束賦形技術，可以靈活自動地調節各個天線發射信號的相位，不僅是水平方向，還包括垂直方向。這有利於一定高度目標的信號覆蓋，滿足國家對 500m 以內高度的低空空域監管的要求，以及未來城市多高樓環境下無人機 120m 以上高度的飛行需求。

在無人機的飛行數據安全保障方面，5G 也有明顯的優勢。5G 的數據傳輸過程更加安全可靠，無線信道不容易被干擾或入侵。

5G 除了解決無人機和基站之間通信能力的問題之外，還可以給無人機系統支撐平台帶來很大的改進提升。

一個完整的無人機系統包括空中部分和地面部分。傳統的無人機使用 Wi-Fi 點對點通信時，地面部分只有遙控器和手機，計算能力弱，存儲空間小，功能非常有限。而 5G 網聯無人機可以提供強大的平台支撐。

結合雲計算，網聯無人機的地面平台可以提供更大容量的數據存儲、更強大的計算能力，為異地的地面人員提供多樣化服務（如視頻觀看）。

憑藉 5G 的海量連接特性，5G 網絡可以接入的無人機數量幾乎是無限的。這對於高密度無人機和機群協同來說，也是不可或缺的能力。

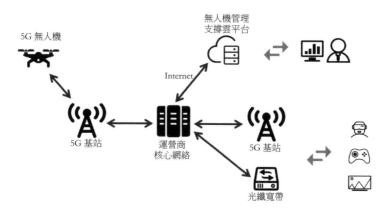

5G 網聯無人機系統

　　5G 的邊緣計算能力也適用於無人機場景。通過在 5G 基站附近設置邊緣計算中心，無人機相關的數據可以在邊緣計算中心完成計算，而不用送往更遠的雲計算中心，為低時延業務（如未來可服務於無人機的自動駕駛）提供了可靠保證。

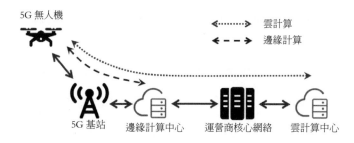

5G 的邊緣計算能力適用於無人機場景

　　5G 所提供的 D2D 通信能力甚至可以讓無人機與無人機之間實現直接通信，更好地服務於自動駕駛和機群協同。

　　總之，5G 所具有的高帶寬、低時延、高精度、寬空域、高安全等優勢可以幫助無人機補足目前的短板，解鎖更多的應用場景，滿足更多的用戶需求。無人機物流、無人機消防、無人機邊境巡邏……各行各業都能夠找到與 5G 無人機的交集，它的經濟效益與社會效益十分可觀。

5G 無人機的應用場景

領域	方向
公共服務	邊境巡邏、森林防火、河道監測、交通管理
能源通信	電力巡線、石油管道巡線、天然氣管道巡線、基站巡檢
國土資源	城鎮規劃、鐵路建設、線路測繪、考古調查、礦產開採
商業娛樂	新聞採集、商業表演、電影拍攝、三維建模、物流運輸
農林牧漁	農藥噴灑、輔助授粉、農情監測
防災救災	災害救援、應急通信保障
個人用戶	航拍娛樂

6.7　5G＋工業互聯網，讓製造「智能」起來

　　無論對哪個國家而言，工業都具有極其重要的戰略地位。工業是國民經濟的主體，是立國之本、興國之器、強國之基。沒有強大的工業，國家和民族的強盛就無從談起。正因如此，發展工業互聯網具有非比尋常的意義。

　　人類社會進入工業時代後，一共經歷了三次工業革命。每次革命都是國家崛起的寶貴機遇。現在，我們再次站在了新的歷史轉折點，來到了第四次工業革命的門口。而這次工業革

命的核心就是工業互聯網。

21 世紀以來，全球爆發了多次金融危機，全球經濟受到沉重打擊。尤其是大家重點關注的高科技產業，遭受的打擊最大。相反，工業在危機中表現出了良好的抗打擊能力。於是，各國開始重新重視工業的發展。

首先是德國。德國是歐洲老牌工業強國，一直都以發達的工業科技和完備的工業體系著稱於世。關於工業發展的未來方向，德國提出了自己的國家級工業革命戰略規劃「工業4.0」，主要目的是提高工業競爭力，鞏固領先優勢，在新一輪工業革命中佔領先機。

另一個老牌工業大國，也是世界頭號經濟強國 —— 美國，也對第四次工業革命的到來做出了反應。美國總統科技顧問委員會於 2011 年、2012 年先後提出《保障美國在先進製造業的領導地位》及《獲取先進製造業國內競爭優勢》兩份報告，裏面提到了「AMP（Advanced Manufacturing Partnership，先進製造夥伴）計劃」。2014 年 10 月，該委員會又發佈了被稱為「AMP 2.0」的新報告 ——《加速美國先進製造業》。美國在報告中明確提出了加強先進製造佈局的理由，那就是保障美國在未來的全球競爭力。

我國作為傳統工業大國和亞洲製造業龍頭，則提出了「製

造強國」的發展戰略，力推工業互聯網的發展。

　　工業互聯網的本質是「通過開放的、全球化的通信網絡平台，把設備、生產線、員工、工廠、倉庫、供應商、產品和客戶緊密地連接起來，共享工業生產全流程的各種要素資源，使其數字化、網絡化、自動化、智能化，從而實現效率提升和成本降低」。

　　簡單來說，工業互聯網就是把人、數據和工業機器連接起來，通過數據的生成、傳輸、存儲、計算和分析，最終挖掘出價值。這個過程既離不開通信技術，也離不開計算技術，更離不開工業技術。因此，我們可以將工業互聯網視為「工業技術革命」和「ICT 革命」相結合的產物。

　　5G 是 ICT 革命的重要組成部分，它和工業互聯網之間的關係主要集中在接入層。

　　高連接速率、超低網絡時延、海量終端接入、高可靠性都是 5G 所具備的優點。這些優點將非常有利於 5G 替代現有的廠區物聯網通信技術，尤其是 Wi-Fi、藍牙等短距離通信技術，甚至可以替換像 PON（Passive Optical Network，無源光纖網絡）這樣的固網有線寬帶接入技術。

　　一些以往受限於網絡接入而不能實現的場景，在 5G 網絡環境下將變得可行。例如，高精度機械臂加工，如果採用 5G

對機械臂進行遠程控制，時延將縮短到 1ms，可以很好地滿足加工精度的要求。

此外，5G 的超高帶寬在採集工業廠區 4K/8K 設備監控影像的時候，也將發揮重要作用。

除接入層之外，5G 的網絡切片、移動邊緣計算都可以在工業互聯網領域找到不錯的落地場景，滿足用戶的多樣化需求。

雖然工業互聯網擁有廣闊的應用前景，但它的推進之路並不平坦，依然面臨很多現實問題，例如數據安全問題。企業對於數據安全的顧慮嚴重影響了上雲的積極性。企業擔心自己

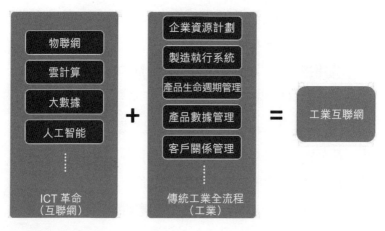

工業互聯網的內涵

的核心數據不能得到很好的保護，一旦泄露，帶來的後果將是災難性的。保護數據的安全，既需要平台擁有可靠的技術，也需要企業本身有很好的軟硬件環境和管理水平。現有很多企業基礎設施落後，資金和技術有限，想要實現工業互聯網的「速成」，確實不太現實。

此外，工業互聯網標準的缺失以及企業 ICT 人才的不足，都是阻撓工業互聯網向前發展的障礙。所以說，推動工業互聯網發展和普及，任重而道遠。

但是不管怎麼說，第四次工業革命是人類發展的必然趨勢，工業互聯網也是工業發展和升級的必經之路。中國作為工業大國，正處在工業轉型升級的關鍵時期，面對人工成本上升、原材料價格波動、貿易競爭日益加劇等情況，迫切需要提高效率、降低生產成本。只有堅定不移地推動工業互聯網落地，加快企業的數字化轉型和智能化改造，才能夠讓中國在全球化競爭中立於不敗之地。

尾聲

正如業內資深專家所言，5G 不是 4G+1G。作為新一代移動通信技術，5G 並不是 4G 的簡單升級，其功能定位、架

構設計、應用場景都發生了巨大變化。5G 將與眾多行業深度融合，對百業千行進行數字化、智能化賦能，顛覆現有的生產模式、商業模式，乃至社會運行模式。

雖然這些改變並不會像想像中來得那麼快，「萬物智聯」的美好未來尚需時日才會到來，但是，看準了未來戰略走向的領先國家，早已開始了爭分奪秒的 5G 衝刺賽。

第七章

中國 5G，改變未來

引子

哪怕領先幾小時，也要拚力爭得商用第一國的頭把交椅，因為 5G；調動國家機器，世界頭號強國無理打壓一家企業，因為 5G；新聞熱點持續不斷，國際主要媒體多視角聚焦決決中華，因為 5G；社會大眾百業千行，幾乎同一時間聚焦同一熱點、同一話題，因為 5G……

5G 將打造新一代信息基礎設施，加速互聯網、大數據、人工智能等與實體經濟的深度融合，激發新一輪的社會變革，開啟萬物智聯新時代，並由此引發了世界主要國家和地區的 5G 大博弈。

歷經 1G 空白、2G 跟隨、3G 突破、4G 同步，中國的 5G 終於登上了全球信息通信高科技的創新制高點。

創新不易，未來已來；夢在前方，路在腳下！

7.1 5G，開啟第四次工業革命的鑰匙

回望歷史長河，人類幾百萬年的發展史中，僅有最近 300 年真正實現了經濟的增長、生活的改善和社會的發展。導致人類社會走向這一正向變化的，正是三次工業革命。

18 世紀 60 年代，第一次工業革命爆發，人類進入「蒸汽時代」，以機器代替手工勞動的開創性變革，推動人類由農耕文明走向工業文明，堪稱人類發展史上的偉大奇跡。

19 世紀中期，第二次工業革命啟動，人類迎來「電氣時代」，科學技術得到前所未有的迅猛發展。

20 世紀 50 年代，以信息技術、新能源技術、新材料技術等為代表的第三次工業革命席捲全球，人類邁入嶄新的「信息時代」。

三次工業革命的主導者並不相同。英國引領了第一次工業革命，美國和德國引領了第二次工業革命，美國又再次引領了第三次工業革命。

每一次工業革命都極大地解放了生產力，推動人類社會發生了翻天覆地的變化，並深刻改變了全球政治、經濟格局。相應地，每一次工業革命的引領者都成了當時的全球霸主，而那些抓住工業革命機遇、奮力追趕工業革命發展的國家

也在全球資源與利益的分配中取得了優勢地位。

幾乎每 100 年一次大變局！

第四次工業革命近在眼前，或許就在 2030 — 2050 年全面到來。華為創始人任正非在接受媒體採訪時，用「恐怖」二字來形容這次革命，「這二三十年，人類一定會爆發一場巨大的革命，這個革命的恐怖性人人都看到了，特別是美國看得最清楚」。

歷史顯示，每一次工業革命都會出現一個或幾個撬動全球變革的基礎性創新技術，例如蒸汽機、內燃機、發電機、無線電、計算機……

第四次工業革命的基礎核心技術是什麼？人工智能，大數據，雲計算，5G，智能製造，工業互聯網，新材料，新能源……還是其他什麼？

2017 年 6 月，日本發佈《科學技術創新綜合戰略 2017》，明確提出未來五年最重要的戰略目標是實現超級智能社會「社會 5.0（Society 5.0）」——通過最大限度地活用信息通信技術，融合網絡世界和現實世界，把給每個人帶來富足生活的超級智能社會作為未來社會的形態，通過深入實施一系列舉措，強力推進「Society 5.0」，把日本建成世界領先的超級智能社會。

2017 年 10 月，韓國成立第四次工業革命委員會，該委員

會是韓國政府為迎接第四次工業革命、加強政府各部門協作而組建的，將重點加強對人工智能、大數據的投資力度，重點扶持智能汽車、智能工廠、無人機產業，重點建設以智能基礎設施、環保型能源為基礎的智能城市。2019 年，韓國首爾市提出了專門為第四次工業革命培養 1 萬名專業化技術人才的計劃。

2017 年 11 月，英國發佈《產業戰略：打造適合未來的英國》白皮書，明確了英國未來將面臨的四項重大挑戰 —— 人工智能、綠色增長、未來交通和老齡化社會。

2018 年 9 月，德國聯邦政府出台「高科技戰略 2025（HTS 2025）」，意在加大促進科研和創新，加強德國的核心競爭力。

2019 年 2 月，美國白宮科學與技術政策辦公室發表文章《美國將主宰未來的工業》，明確了未來發展的四大重點領域 —— 人工智能、高端製造業、量子信息科學和 5G。

…………

雖然各國、各領域對第四次工業革命的核心技術看法不一，但基本達成了一個共識：第四次工業革命將是一次深入各個領域的智能革命，而高速、高效、高可靠的信息基礎設施將構建這次智能革命的「神經網絡」，是智能社會整體架構的底層基礎。

　　人工智能、大數據、雲計算、智能製造、工業互聯網、新材料、新能源等，都離不開網絡，離不開連接，離不開高速、移動、安全、泛在的新一代信息基礎設施，因此，5G 被視為開啟第四次工業革命的鑰匙和第四次工業革命的奠基石。

　　全球化大勢下，誰想引領第四次工業革命的發展，掌握世界變局的主動權，誰想抓住第四次工業革命的機遇，分享智能時代的紅利，誰就不能不重視移動通信，不能不重視 5G。5G，由此成為全球主要國家奮力搶佔的戰略制高點，成為各國科技交鋒的先手棋。

一場大國之間的博弈

　　回顧本書前幾章所述，從 1G 到 4G，移動通信領域的創新主動權、發展主動權，一直是大國之間的博弈。

　　1G 時代，美國 AMPS、英國 TACS 標準佔據主流，摩托羅拉、愛立信兩家強勢企業爭霸全球電信市場。那時，歐美兩大陣營齊頭並進。

　　2G 時代，歐洲 GSM 技術發展領先，特別是在中國巨大市場的支撐下，全球風頭無兩。美國在 CDMA 技術全球化方面不太成功，但在移動通信芯片領域的全球化方面暢通無阻，高通、英特爾等公司的霸主地位穩固。那時，移動通信領

域依然是歐美在制定遊戲規則，歐洲略勝一籌。

3G 時代，全球移動通信格局發生微妙變化，中國開始嶄露頭角。歐洲的 WCDMA、美國的 cdma2000、中國的 TD-SCDMA 成三足鼎立之勢。依託 2G 時代積累的深厚基礎，歐洲的 WCDMA 依然保持全球領先優勢，中國的 TD-SCDMA 相對弱小。但在應用領域，日韓異軍突起，成為全球 3G 應用的標杆。

4G 時代，中美均迎來重大轉折。由於錯失與中國技術深度融合的機會，美國的 WiMAX 技術在 4G 時代徹底出局（詳見本書第五章）。歐洲主導的 LTE FDD、中國主導的 TD-LTE 成為移動通信領域兩大商用標準，市場規模各佔半壁江山。

從 1G 到 4G，在技術判斷、戰略選擇、市場走向等多種因素的作用下，中美兩國在移動通信領域的實力發生了微妙變化。

一方面，中國後來居上，技術實力與全球影響力快速提升，不僅首次建起了覆蓋移動通信全產業鏈的、系統化的工業體系，而且抓住了移動互聯網的機遇，大膽創新，實現了消費互聯網的空前繁榮。全球四大通信設備製造商中，中國佔據兩席之位，全球前 10 名互聯網公司中，中國佔據四席之位。GSMA 發佈的《中國移動經濟發展報告 2019》顯示，中

國的移動生態系統於 2018 年創造了 5.2 萬億元（約合 7500 億美元）的經濟貢獻值，相當於 2018 年中國 GDP 的 5.8%；直接和間接創造了 850 萬個就業崗位，並為政府的公共財政貢獻了 5830 億元（約合 840 億美元）稅收。

另一方面，在移動通信領域，中國的影響力在上升，美國的影響力在下降。在技術標準方面，美國在 4G 時代實質上已經退出移動通信系統標準的競爭圈；在系統設備方面，曾經輝煌的摩托羅拉、朗訊等通信強企已經沒落，美國企業在移動通信系統設備領域也退出了競爭圈。這一尷尬局面在短時間內難以扭轉。

雖然如此，但美國的移動通信技術及產業實力依然保持領先優勢，特別是在兩大領域 —— 移動通信芯片和移動通信生態系統，遙遙領先於全球其他經濟體。蘋果、谷歌、Facebook、亞馬遜、Netflix 等美國公司，利用 4G 網絡帶來的大帶寬和智能手機功能實現了迅猛發展，推動美國在全球無線和互聯網服務領域佔據了主導地位。

從 1G 到 4G 的全球競爭格局顯示，移動通信領域的主導國家、領先國家將獲得非常可觀的收益，不僅體現在可以產生巨大的經濟價值，帶來大量的就業崗位，而且體現在能夠於未來的技術創新與迭代中取得先發優勢，贏得遊戲規則的

制定權。

　　相應的，在移動通信技術革新中落後的國家則不得不採用領先國家的標準和技術，從而導致對新一代移動通信技術的創新開發能力受限，應用發展受制於人。

　　5G 時代，又將是怎樣的一幅圖景？

爭勝未來，中美 5G 競速發展

　　每一代移動通信技術的價值都呈指數級增長，而從 4G 向 5G 的轉變將極大地影響全球通信網絡的未來，美國國防部發佈的《5G 生態系統：對美國國防部的風險與機遇》報告中的這一觀點得到普遍認同。

　　美國高通公司預測，到 2035 年，5G 將在全球範圍內創造 12.3 萬億美元的產值，以及 2200 萬個工作崗位；預計 2020—2035 年，5G 對全球 GDP 增長的貢獻將相當於一個印度規模的經濟體。

　　中國信息通信研究院發佈的《5G 產業經濟貢獻》預測，2020—2025 年，中國 5G 商用將直接帶動經濟總產出達 10.6 萬億元、間接拉動經濟總產出達約 24.8 萬億元，將直接創造超過 300 萬個就業崗位。

　　為了在未來科技競爭中佔據先發優勢，世界主要國家紛

紛加快了 5G 研發以及商用的步伐。

那麼，全球 5G 技術及產業格局如何？

美國國防部報告認為，中國、韓國、美國、日本是 5G「第一梯隊」；英國、德國、法國位居「第二梯隊」；新加坡、俄羅斯和加拿大構成「第三梯隊」。

2018 年 8 月，著名諮詢公司德勤發佈的《5G：領導未來十年的機會》報告顯示，美國、日本和韓國在 5G 方面都取得了重大進展，但沒有一個國家能達到與中國同樣的高度。

2019 年 4 月，美國無線通信和互聯網協會發佈的分析報告顯示，中國與美國在全球 5G 競賽中並列第一，其次是韓國、日本和英國。

並列第一？5G 時代，在移動通信高科技領域，中國已經快速躍升到和美國並駕齊驅的地位了？這是美國不能忍受的！由此，出現了本書第一章所述的，美國以一國之力對華為 —— 全球通信設備市場排名第一的企業，進行花樣式的、赤裸裸的瘋狂打壓。

2019 年 4 月 12 日，美國總統特朗普在白宮新聞發佈會上的喊話再次吐露美國的心聲：5G 競賽已經開始，這一仗美國必須贏！我們不能允許其他國家在這個產業上超越美國。

5G，實質上已經成為中美兩大經濟體的競速焦點。

那麼，中國 5G 究竟有哪些優勢，讓美國如此焦灼，又有何種硬核高科技，讓他人如此防備呢？

7.2　中國 5G 的優勢究竟在哪兒？

善謀者行遠，實幹者乃成。

早在 2013 年，我國就已經悄然佈局 5G。

2012 年底，歐盟在第七框架計劃（簡稱 FP7）下啟動了面向 5G 研發的 METIS［Mobile and wireless communications Enablers for the Twenty-twenty（2020）Information Society］項目。FP7 於 2007 年 1 月 1 日啟動，是歐盟投資最多的全球性科技開發計劃，也是當時全世界最大的官方科技計劃，具有研究水平高、涉及領域廣、投資力度大等特點。它啟動的 METIS 項目總投資約 2700 萬歐元，由瑞典愛立信、中國華為等 29 個參與方共同承擔。

歷經 3G、4G 的磨礪，我國高度重視移動通信行業的價值，在歐盟 METIS 項目啟動後不久，立即投入 5G 的研究與發展之中。一個引領中國 5G 發展、籌謀中國 5G 全局的重要組織迅速成立。

2013 年 2 月，IMT-2020（5G）推進組在工信部、國家發

展改革委和科技部的共同支持下正式成立。

4 月 19 日，推進組第一次會議在北京召開。工信部部長苗圩出席會議並向推進組專家頒發聘書，聘請中國工程院院士、中國互聯網協會理事長鄔賀銓為顧問，聘請工信部電信研究院院長曹淑敏為組長〔現任 IMT-2020（5G）推進組組長為中國信息通信研究院副院長王志勤〕。

推進組第一次會議召開的次日，信息通信全行業立即全力投入四川雅安蘆山 7.0 級地震的抗災保通信之中。廣大通信人搏命奮戰在搶險救災一線的同時，通信科技工作者正拚力爭勝 5G 未來的工作。

明確 5G 發展前景、業務、頻譜與技術需求；研究 5G 主要技術的發展方向及使能技術，形成 5G 移動通信技術框架；協同「產學研用」各方力量，積極融入國際 5G 發展進程……國家 863 計劃於 2014 年 1 月、2015 年 1 月先後啟動 5G 移動通信系統先期研究重大項目一期和二期研究，IMT-2020（5G）推進組作為中國統攬 5G 發展全局的機構，積極協調推進全球 5G 標準統一，「政產學研用」各界攜手創新突破，中國在 5G 技術及產業的多個領域進入全球第一陣營。

中頻段頻譜優勢

無線通信中，最重要、最核心、全球爭奪最激烈的戰略資源就是頻譜資源。每一代移動通信技術的創新無不以提高頻譜資源利用率為目標。同樣，頻譜在 5G 的技術創新、網絡運營、產業發展中也發揮着關鍵作用。

目前，全球相關國家和地區部署、分配 5G 新頻譜主要有兩個方向。一是重點發展 6GHz 以下頻段的 5G 產業，我們稱該頻段為中頻段，即「Sub-6」，主要是在 3～4GHz。二是重點發展 24～300GHz 的高頻段 5G 產業，我們稱該頻段為「毫米波」。

就 5G 功能實現而言，Sub-6 與毫米波各有所長。

Sub-6 的波長較長，雖然該頻段可實現的峰值速率低於 10Gbit/s，不如毫米波，但其穿透障礙物的能力較強，可以提供比毫米波更寬、更廣的區域覆蓋效果。因此，與毫米波相比，實現相同的網絡覆蓋範圍和性能，Sub-6 所需的基站較少，這就意味着投入的資金較少，可利用現有 4G 基站迅速面向 5G 三大應用場景建設網絡。

毫米波的波長較短，可在數據傳輸中實現較高速度、較低時延，能在特定條件下做到極高速的連接。5G 宣傳中，高

達 20Gbit/s 的峰值速率只有在毫米波的高頻段才能實現，面向工業互聯網等垂直領域的 5G 應用也需要毫米波的支撐。此外，毫米波頻段的帶寬較為充裕，頻譜乾淨，干擾相對較少。毫米波 5G 設備也比 Sub-6 5G 設備更小，可以更緊湊地部署在無線設施上。

由於美國 5G 中頻段的頻譜資源大部分由政府或軍方掌握，難以民用和商用，美國 5G 產業界只好重點發展毫米波。而由於高頻段頻譜資源被佔用，中國把 5G 發展的重心聚焦於 Sub-6。

2017 年 11 月 9 日，工信部宣佈，規劃 3300～3600MHz、4800～5000MHz 頻段作為 5G 系統的工作頻段，其中 3300～3400MHz 頻段原則上僅限室內使用。由此，中國成為全球第一個發佈 5G 系統在中頻段內的頻率使用規劃的國家。

隨後的 2018 年 12 月 10 日，工信部向中國電信、中國移動、中國聯通發放了 5G 系統中低頻段試驗頻率使用許可。其中，中國電信和中國聯通獲得 3500MHz 頻段試驗頻率使用許可，中國移動獲得 2600MHz 和 4900MHz 頻段試驗頻率使用許可。此次 5G 系統試驗頻率使用許可的發放，有力地保障了電信運營商開展 5G 系統試驗，向產業界發出了推動 5G 產業發展的明確信號。中國「產學研用」相關組織、企業充分發揮協

作創新精神以及在全球信息通信業的影響力，推動中頻段 5G 基站的成熟商用並使其時間提早了一年，中頻段 5G 產業生態也加速成熟。

由於在信號傳播和建網成本方面具有優勢，中頻段 5G 在全球的「朋友圈」越來越大，中國力推的中頻段 5G 產業逐漸成為國際主流，特別是中頻段 5G 系統設備、終端芯片、智能手機位居全球產業第一梯隊。研究機構 Analysys Mason 的分析報告中提到，中頻段是 5G 發展的關鍵，由於覆蓋的區域更廣，到 2020 年，其他國家計劃發放的中頻段牌照數量將是美國的 4 倍，中頻段可能成為引領 5G 基礎設施建設的「全球頻段」。

面對在 5G 中頻段發展的落後態勢，美國十分憂心。

2018 年 10 月，美國政府發佈了關於《制定美國未來可持續頻譜戰略》的總統備忘錄，要求各部門和機構提交關於當前頻譜使用和未來要求、頻譜重新分配選項以及未來技術對頻譜分配影響的若干報告。雖然可以重新規劃或者共享軍方佔用的 Sub-6，實現面向 5G 的商用，但是對美國而言，時間成本太高。美國國防部相關報告曾經測算，清除頻譜佔用，然後通過拍賣、直接分配或其他方法，將 Sub-6 釋放到民用部門所花費的平均時間通常在十年以上，共享頻譜的方式時間稍短，但也

要五年以上。

2019 年 4 月 12 日，FCC（Federal Communications Commission，美國聯邦通信委員會）宣佈，從 2019 年 12 月 10 日起，推出美國史上最大規模的頻譜拍賣，運營商可以投標高頻 37GHz、39GHz 和 47GHz 頻譜。新增的 3400MHz 高頻毫米波頻譜拍賣將推動 5G、物聯網和其他基於頻譜的服務發展。美國無線通信和互聯網協會也向美國政府推薦了新的頻譜戰略，建議制定五年期低頻、中頻和高頻頻譜的拍賣時間表，以便將更多頻譜交到運營商手中，推動全方位的 5G 部署和創新。

在 5G 中頻段的商業化上，中國目前全球領先。

標準專利優勢

3G、4G、5G，起步、起跑、起飛，這就是中國在移動通信標準領域的三級跳。背後的故事精彩動人，有關 5G 的標準化進程，我們日後再揭祕，現在只看事實。

2015 年 10 月，在瑞士日內瓦召開了 ITU 2015 年無線電通信全會。中國提出的「5G 之花」中，9 個技術指標有 8 個在此次大會上被 ITU 採納。此後，中國通信企業提出的靈活系統設計、極化碼、大規模天線和新型網絡架構等關鍵技術成為國際標準的重點內容，中國的技術專家在 ITU、3GPP 等國

際標準組織擔任多個重要職務，並主持關鍵項目的相關工作。

振奮人心！中國在全球移動通信舞台上首次進入領先者行列。

隨後，中國 5G 一路奔跑，在標準專利領域快速成長，下面這組數據就是見證。

根據 2019 年 5 月德國專利數據公司 IPIytics 發佈的 5G 專利報告《誰在 5G 專利競賽中領先？》，截至 2019 年 4 月，中國企業申請的 5G SEP（Standards-Essential Patents，標準必要專利）件數位居全球第一，佔比 34%。其中，華為名列第一，擁有 15% 的 5G SEP。

國家第一，企業第一，這就是中國 5G 的硬實力。

SEP，也就是專利中的「殺手級」專利。擁有 SEP 的企業，可以收取專利費，以更低的成本研發基站、手機等通信設備和終端，還可以通過交叉授權免費使用其他企業的專利技術。換句話說，SEP 就意味着財富、實力、行業話語權。誰擁有的 SEP 越多，誰就越有可能成為市場的領導者。

IPIytics 公司的這份 5G 專利報告同時透露，過去四年全球申報的 5G SEP 的件數急劇增加，截至 2019 年 4 月，全球 5G SEP 已達 6 萬多件。

擁有 5G 通信系統 SEP 數量全球排名前十的企業分別是：

華為（中國）、諾基亞（芬蘭）、三星（韓國）、LG（韓國）、中興（中國）、高通（美國）、愛立信（瑞典）、英特爾（美國）、電信科學技術研究院（中國）、夏普（日本）。

　　5G 標準技術貢獻全球排名前十的企業分別是：華為、愛立信、海思（中國）、諾基亞、高通、三星、中興、英特爾、LG、電信科學技術研究院。

　　關鍵是，在一段時間內，以上位次不會發生太大變化。

技術優勢

　　從標準化到產業化，這是 5G 商用的必經之路，中國有被卡脖子的「芯絞痛」，也有底氣十足的「拿手活」。目前，中國 5G 產業已實現多項硬核技術的領先，有些技術在全球領先 1～2 年。當然，技術領先必須與理念領先、成本領先、投入領先等並行，才能在市場中發揮出領先的價值。

1. 5G 基帶芯片領先

　　業界認為，手機基帶芯片水平是移動通信領域最核心的技術指標之一。

　　截至 2019 年 5 月，全球已發佈 8 款 5G 基帶芯片，分別是高通 Snapdragon X50、高通 Snapdragon X55、高通 FSM100xx、英特爾 XMM 8160、華為 Balong 5000、三星

Exynos 5100、紫光展銳 Makalu Ivy510 以及聯發科 Helio M70。

華為 Balong 5000 是目前性能最全面的多模商用 5G 基帶芯片，同時支持 2G/3G/4G/5G 網絡，同時支持 Sub-6、毫米波，同時支持 NSA（5G 非獨立組網）和 SA（5G 獨立組網），而且符合 3GPP Release 15 標準的要求。在 5G 網絡 Sub-6 頻段（3.5GHz）100MHz 帶寬下，Balong 5000 峰值下載速率可達 4.6Gbit/s；在毫米波頻段（28GHz）400MHz 帶寬下，峰值下載速率可達 6.5Gbit/s，是 4G LTE 可體驗速率的 10 倍。

Balong 5000 採用 7nm 工藝，體積小，易於集成到手機等 5G 終端設備上。Balong 5000 最厲害的是，芯片上除移動通信模塊外，還搭載了面向物聯網等垂直行業的模塊，可滿足 5G 未來面向物聯網、車聯網等領域的需求。目前，華為 Balong 5000 的技術水平領先其他企業至少一年。

華為摺疊屏手機 Mate X，搭載了麒麟 980 處理器＋ Balong 5000 5G 芯片，是第一款真正意義上的全球通用 5G 手機

2. Massive MIMO 技術領先

Massive MIMO 技術是 5G 定義的空中接口技術，可極大擴展設備連接數和數據吞吐量，使單基站能夠容納更多的用戶連接，解決運營商面臨的站址緊張、深度覆蓋難等問題。

華為和中興是 Massive MIMO 技術的領導者，可以實現 128 天線陣列 64T64R（64 發，64 收），在該領域領先其他企業兩年左右。

2019 年 1 月，華為正式發佈了全球首款 5G 基站核心芯片——華為天罡，在集成度、算力、頻譜帶寬等方面都取得突破性進展。該芯片可助力基站尺寸縮小超 50%、質量減輕 23%、功耗降低 21%，安裝時間比標準的 4G 基站縮短一半。華為現場展示的 5G 大規模天線 64T64R 基站僅重 20 多千克，一扇窗的大小，一名成年男子即可輕鬆安裝。

3. 上下行解耦技術領先

5G 網絡 C 波段有一個棘手的問題，就是上下行不平衡，主要是上行覆蓋不足。簡單來說，5G 網絡通過大帶寬和多天線接收技術，可以提供更高的下載速率，但是由於手機等移動終端上行發射功率的限制，5G 蜂窩小區的上行覆蓋嚴重受限。

針對這一覆蓋問題，2017 年 6 月，華為在業界首次提出

了創新的頻譜使用技術 —— 上下行解耦技術。該技術突破了上下行綁定於同一頻段的傳統限制，可有效改善上下行不平衡的問題，幫助運營商在 C 波段實現 5G 與 4G 的共站共覆蓋，有效節省建網成本，大幅提升邊緣用戶體驗。目前，上下行解耦技術已納入 3GPP R15 標準。

4. Polar 碼應用領先

在無線通信核心技術之一 —— 信道編碼領域，之前中國一直沒有發言權，即使在中國主導的技術大放異彩的 4G 時代也是如此。

5G 來臨，全球各大陣營就信道編碼標準展開了激烈競爭。以法國為代表的歐洲陣營支持 Turbo 碼，美國高通支持 LDPC 碼，中國華為等公司主推 Polar 碼（極化碼）。LDPC 碼和 Polar 碼都是逼近香農極限的信道編碼。其中，Polar 碼是目前能夠被嚴格證明達到香農極限的信道編碼方法，可大幅提高 5G 編碼性能，降低設計複雜度。

2016 年 11 月 18 日，美國內華達州里諾，在 3GPP RAN1 第 87 次會議上，經過激烈討論與博弈，3GPP 最終確定了 5G eMBB 場景的信道編碼技術方案 —— Polar 碼作為控制信道的編碼方案，LDPC 碼作為數據信道的編碼方案。這是中國在信

道編碼領域的首次突破，為在 5G 標準中擁有更多話語權奠定了基礎。

Polar 碼由土耳其畢爾肯大學埃達爾・阿利坎教授在 2008 年國際信息論（ISIT）會議上首次提出，隨後引起了通信領域的關注。華為等企業進行深入研究、優化，在 Polar 碼的核心原創技術上取得多項突破，推動 Polar 碼從理論研究走向了實際應用。2018 年 7 月，華為在深圳總部舉辦了隆重頒獎儀式，為埃達爾教授頒發特別獎項，致敬其為人類通信事業發展所做的突出貢獻。

5. 5G 核心網領先

2017 年 6 月，3GPP 正式確認 5G 核心網採用 SBA 作為統一的基礎架構，也就是 5G 核心網唯一的基礎架構。SBA 由中國移動牽頭，聯合全球 14 家運營商及華為等 12 家設備商提出，這是中國人首次牽頭設計移動網絡的系統架構！

3GPP 將 SBA 確定為 5G 核心網唯一基礎架構，是 5G 系統架構標準化立項以來的重要進展。SBA 借鑒 IT 領域的「微服務」設計理念，將網絡功能定義為多個相對獨立、可被靈活調用的服務模塊。基於此，運營商可以按照業務需求來靈活定製組網。這種架構設計方式使得 5G 網絡真正實現面向雲化設

計，它具備多方面的優點，如便於網絡快速升級，提升網絡資源利用率，加速網絡新能力引入，以及在授權的情況下開放給第三方等。

基於 SBA，華為、愛立信、諾基亞、中興等全球主要通信設備製造商的 5G 核心網方案紛紛推出，其中華為率先推出了業界首個滿足 3GPP 最新標準的 5G 核心網解決方案，使網絡切片這一全新商業模式成為可能，推動了 5G 業務領域拓展至垂直行業市場。

產業生態優勢

在 5G 產業化方面，「中國力量」表現突出，「中國速度」全球矚目。

1. 系統和終端領域

華為自 2009 年起着手 5G 研究，已累計投入約 150 億元用於 5G 技術與產品研發，目前已具備從芯片、產品到系統組網全面領先的 5G 能力，是目前全球屈指可數的、能夠提供端到端 5G 商用解決方案的通信企業。數據顯示，截至 2018 年底，華為共向 3GPP 提交 5G 標準提案 18000 多篇，標準提案及通過數高居全球首位，向 ETSI 聲明 5G 基本專利 2570 族，持續排名業界第一，主導的極化碼、上下行解耦、大規模天

線和新型網絡架構等關鍵技術已成為 5G 國際標準的重要組成部分。同時，華為已實現全系列業界領先自研芯片的規模商用，包括全球首款 5G 基站核心芯片天罡、5G 終端基帶芯片 Balong 5000 以及終端處理器芯片麒麟 980。截至 2019 年 5 月，華為已在全球 30 個國家獲得了 46 個 5G 商用合同，5G 基站發貨量超過 10 萬個，居全球首位。

中興聚焦以 5G 為核心的技術領域，5G 專利申請超過 3500 件，截至 2019 年 6 月 15 日向 ETSI 披露 3GPP 5G SEP 超過 1420 族，在 5G 技術標準制定的重要國際標準組織 3GPP 中，多個技術標準報告人都來自中興。中興具備完整的 5G 端到端解決方案的能力，截至 2019 年 6 月中旬，已和全球 60 多家運營商開展 5G 合作，在全球獲得 25 個 5G 商用合同，覆蓋歐洲、亞太、中東等主要 5G 市場，穩居 5G 第一陣營。面對 5G 行業應用需求，中興攜手合作夥伴開展了大量 5G 行業應用探索，推進智慧港口、智慧工業、智能安防等應用落地，正努力構建健康完整的 5G 產業生態。

中國信科在大規模天線、超密集組網、非正交多址、TDD 幀結構與空口設計、新型接入網架構、核心網架構、移動性管理、網絡安全、車聯網應用等技術領域取得了突出成果，處於領先地位。2019 年，中國信科開發了

2.6GHz/3.5GHz/4.9GHz 等多頻段、系列化的室內外 5G 基站產品，支持 SA/NSA 組網，全面支持 5G 商用。同時，中國信科全力佈局與 5G 強結合的十大應用領域，形成各具特色的業務解決方案，並攜手相關垂直行業龍頭企業以及運營商，推動相關典型 5G 應用落地。

2. 網絡和應用領域

一年時間建成全球最大的 4G 網絡；五年多時間 4G 用戶突破 12 億，用戶月均移動互聯網接入流量達到 7.32GB……

中國通信領域創造的「中國速度」令全球驚歎。同樣的故事，預計將在 5G 時代再次上演。

值得關注的是，5G 應用創新也在中國多點開花。

中國電信與合作夥伴開展了豐富的 5G 應用創新實踐，目前已涵蓋政務、製造、交通、物流、教育、醫療、媒體、警務、旅遊、環保十大垂直行業的重點應用場景，聯合試驗客戶超過 200 家。

中國移動發起設立了 5G 創新產業基金，總規模 300 億元，首期 100 億元已募集多家基金參與。同時，面向全球成立 5G 聯合創新中心，建設開放實驗室 22 個，匯聚 500 多家成員，已發展為國際領先的融合創新平台。中國移動還在雄

安、成都、上海成立了三大產業研究院，深化與重點行業龍頭企業的強強合作，聚焦九大垂直行業領域，形成創新應用方案及端到端解決方案，並已落地開展應用合作試點。

中國聯通啟動 5G 應用創新聯盟「領航者計劃」，聯合國內外知名芯片、模組、ODM、終端、解決方案等領域的合作夥伴，共建 5G 創新聯合實驗室，打造 5G 示範項目，設立百億孵化基金，孵化 5G＋無人駕駛、智慧醫療、智慧環保、智慧工業互聯網、智慧物流、新媒體等領域的創新應用產品。

…………

回顧整個移動通信行業的發展歷程，5G 時代，中國終於在芯片、系統以及終端生態領域和應用方面實現了扎實推進，在部分領域已經實現領先，這一點值得自豪。

7.3　中國 5G 時代提前開啟

一切既在意料之外，又在情理之中。

2019 年 6 月 3 日，新華社突然發佈消息稱，近期工信部將發放 5G 商用牌照。

就在 3 月 28 日的博鰲亞洲論壇上，工信部部長苗圩透露，將根據終端成熟情況適時發放 5G 牌照。業界普遍認為，

「適時」大概率指的是 2019 年底。時間突然提前半年，這超出了大多數人的預期。

大家並沒有等太久。消息放出三天後，2019 年 6 月 6 日，中國傳統佳節 —— 端午節的前一天，工信部正式向中國電信、中國移動、中國聯通、中國廣播電視網絡有限公司（簡稱中國廣電）頒發了基礎電信業務經營許可證，批准四家企業經營「第五代數字蜂窩移動通信業務」。

為何突然提前發牌？中國準備好了嗎？我們的 5G 將走向何方？

2019 年 6 月 6 日，工信部向中國電信、中國移動、中國聯通、中國廣電頒發 5G 牌照
張松延／攝

全球 5G 商用加速

中國 5G 牌照提前發放，與全球 5G 商用加速密不可分。

2019 年 4 月起，韓國、美國、瑞士、英國等先後開通 5G 商用服務，爭發「第一槍」的場景頗具戲劇性，這是在 3G、4G 時代都不曾出現過的局面。據 GSMA 預測，到 2020 年，全球將有 170 家運營商推出商用 5G 網絡。預計 2019 年底，全球 5G 用戶數將達 1200 萬戶，到 2020 年增至 7000 萬戶。

［韓國］提前幾小時奪得 5G 商用全球第一

差距，僅僅只有幾小時！

2019 年 4 月 3 日晚 23 時（當地時間），韓國三大電信運營商 KT、SKT 和 Uplus（隸屬 LG）幾乎同時宣佈 5G 商用，韓國成為第一個實現 5G 商用的國家，全球 5G 商用元年正式開啟。

為爭奪這個第一，韓國臨時決定將原本於 4 月 5 日啟動商用的計劃提前，僅僅比美國快了幾小時。這充分說明，5G 對韓國很重要。在韓國總統文在寅看來，「建成世界首個 5G 商用網絡，向全世界展現了韓國的潛力和無限可能性」。

4 月 8 日，韓國舉行慶祝活動並正式發佈韓國「5G＋戰略」。文在寅在出席活動時表示，為了確保韓國在國際上的領

導力，有必要將 5G 提升到國家戰略層面，韓國將打造世界一流的 5G 生態圈。他強調，通過 5G 與各領域的融合創新，自動駕駛、智能工廠、智慧城市等第四次工業革命的代表性產業將得到全面發展。

韓國「5G+ 戰略」顯示，韓國政府將和民間攜手投資超過 30 萬億韓元（約合 1800 億元人民幣），爭取在 2022 年前建成覆蓋全國的 5G 網絡，重點發展沉浸式內容、智能工廠等核心服務以及下一代智能手機、網絡設備、邊緣計算、信息安全等 5G 戰略產業。韓國 5G 產業將爭取到 2026 年佔據世界市場的 15%，創造 60 萬個優質就業崗位，實現 730 億美元出口。

[美國] 錯失第一，但後勁十足

2019 年 4 月 3 日（當地時間），美國最大的電信運營商 Verizon 宣佈 5G 正式商用，比原計劃提前了一周。對於韓國成為全球第一個宣佈 5G 商用的國家，Verizon 公司並不服氣。因為韓國第一批 5G 手機用戶是電信運營商指定的 6 位社會名人，普通用戶 4 月 5 日才可以註冊使用。

4 月 9 日，美國運營商 AT&T 也宣佈將其 5G 網絡部署再擴展 7 個城市，加上之前的 12 個城市，AT&T 在美國 19 個城

市部署了 5G 網絡。美國另兩家運營商 T-Mobile 與 Sprint 則將在 2019 年下半年實現 5G 商用。

[瑞士] **5G 網絡將快速覆蓋全國**

2019 年 4 月 4 日，就在韓國、美國宣佈 5G 商用僅一天後，瑞士電信運營商 Sunrise 宣佈 5G 商用。Sunrise 的 5G 網絡先期覆蓋 150 座城鎮，覆蓋率在不同地區從 80% 到 98% 不等。Sunrise 對 5G 商用部署一直十分積極，早在 2017 年 12 月就聯合華為完成了基於 5G 端到端網絡的業務演示。2018 年 6 月，Sunrise 部署了瑞士首個端到端 5G 商用網絡；同年 11 月，又在滑雪勝地萊克斯部署了全球首個高海拔 5G 商用網絡。

4 月 17 日，瑞士電信（Swisscom）聯合愛立信宣佈開啟「歐洲首個大規模商用 5G 網絡」，在瑞士 54 個城市和社區提供 5G 網絡和服務。到 2019 年底，瑞士電信 5G 網絡將覆蓋全國近 90% 的人口。

[英國] **不搶時間，穩扎穩打**

5 月 30 日，英國最大的移動運營商 EE 公司宣佈正式推出 5G 商用服務，首批商用城市包括倫敦、卡迪夫、愛丁堡、貝爾法斯特、伯明翰以及曼徹斯特。英國廣播公司當天藉助 5G 服務完成了一次現場直播。EE 宣佈，隨後 5G 商用城市

還將拓展到布里斯托爾、考文垂、萊斯特、諾丁漢、謝菲爾德、利物浦、赫爾、利茲、紐卡斯爾和格拉斯哥，預計 2020 年 5G 服務將推廣至英國的 50 個城市。2019 年底，EE 的 5G 基站數量預計將達到 1500 個。

7 月 8 日，沃達豐宣佈在英國七個城市推出面向個人和企業用戶的 5G 服務，包括布里斯托爾、伯明翰、卡迪夫、倫敦、格拉斯哥、曼徹斯特和利物浦。根據最高網速的不同，沃達豐將 5G 套餐分為三種：最高速率 2Mbit/s，每月資費 23 英鎊（約 198.5 元人民幣）；最高速率 10Mbit/s，每月資費 26 英鎊（約 224.4 元人民幣）；最高速率 150～250Mbit/s，每月資費 30 英鎊（約 258.9 元人民幣）。

[日本] 緊急分配頻率，**2020 年商用**

韓國率先宣佈 5G 商用同樣刺激了日本加速各項 5G 計劃。

4 月 10 日，日本總務省將 5G 頻段分配給 NTT DoCoMo、KDDI、軟銀、樂天移動四家電信運營商。NTT DoCoMo、KDDI 和軟銀將於 2020 年春天推出 5G 商用服務，樂天移動計劃 2020 年 6 月推出。

據日本媒體報道，今後五年，日本以上四家電信運營商

計劃投入約 1.6 萬億日元（約合 1026 億元人民幣）在全國建設
5G 網絡。日本總務相石田真敏表示：「5G 將成為 21 世紀的核
心基礎設施。」

中國 5G 準備就緒

在相關國家爭相搶入 5G 商用第一陣營之際，中國也早有
籌謀，備足了糧草。

1. 科學推進 5G 技術研發試驗

早在 2015 年，中國就已經明確了 2020 年實現 5G 商用的
目標。當年 9 月 28 日，國務院副總理馬凱在出席中歐 5G 戰
略合作聯合聲明簽字儀式時指出，中國將力爭在 2020 年實現
5G 商用。

2016 年，中國就啟動了面向商用的 5G 技術研發試驗，
對加快 5G 技術和產業的成熟發揮了十分重要的推動作用。按
照工信部的安排，研發試驗分為關鍵技術試驗、技術方案測試
和系統測試三個階段，工信部信息通信發展司司長聞庫形象地
將其比喻為「中國 5G 的幼兒園階段、小學階段和中學階段」。

2016 年 1 月 7 日，工信部在北京召開「5G 技術研發試
驗」啟動會，第一階段「關鍵技術試驗」正式啟動。雖然中國
在 3G、4G 時開展過技術研發試驗，但在標準制定之前就啟動

相關試驗還是第一次，而這也是中國第一次與國際標準組織同步啟動對新一代移動通信技術的測試和驗證。在開放環境下開展技術研發與驗證等工作，對形成全球 5G 統一標準具有重大意義，工信部非常重視，黨組成員、總工程師張峰叮囑所有參與機構與企業要做到「加速推進、資源聚集、注重開放、應用牽引」。當年 9 月，第一階段試驗完成，充分驗證了大規模天線、新型多址、新型多載波、高頻段通信等 7 個無線關鍵技術，以及網絡切片、移動邊緣計算等 4 個網絡關鍵技術，在支持吉比特用戶體驗速率、毫秒級端到端時延、每平方千米百萬連接等多樣化 5G 場景需求方面的技術可行性，進一步增強了業界對於推動 5G 技術創新發展的信心。

2016 年 9 月—2017 年 9 月，開展第二階段「技術方案測試」。該階段測試基於統一的試驗平台、統一頻率、統一設備和測試規範開展，針對各廠商面向 5G 移動互聯網和物聯網不同應用場景的技術方案進行驗證，包括連續廣覆蓋場景、低時延高可靠場景、低功耗大連接場景等七大場景的性能測試。同時，工信部在該階段積極引導芯片、儀錶廠商參與，開展產業鏈對接測試。

2017 年 11 月 23 日，第三階段「系統測試」啟動。該階段重點面向 5G 商用前的產品研發、驗證和產業協同，開展商

用前的設備單站、組網、互操作，以及系統、芯片、儀錶等產業鏈上下游的協同研發和互聯互通測試，全面推進中國 5G 產業鏈主要環節在 2018 年底基本達到預商用水平。

　　有條不紊，科學推進！借鑒在 3G、4G 時代積累的經驗，中國 5G 技術研發試驗成果顯著。

　　2019 年 1 月 23 日，IMT-2020（5G）推進組在北京召開 5G 技術研發試驗第三階段總結會。測試結果表明，5G 基站與核心網設備均可支持非獨立組網和獨立組網模式，主要功能符合預期，達到預商用水平。推進組向參加測試的華為、中興、大唐電信、愛立信、上海諾基亞貝爾等系統企業，英特爾、高通、海思、紫光展銳等芯片企業，以及是德科技（原安捷倫）、羅德與施瓦茨等儀錶企業頒發了證書。

2. 5G 實戰早已展開

　　就在技術專家甘居幕後、奮力攻關的同時，2018 年 8 月，中國電信、中國移動、中國聯通在工信部、國家發展改革委的支持下，面向全國 18 個城市開展了 5G 規模試驗。不久後，中國電信新增 5G 試點城市 11 個，中國移動新增 5G 應用示範城市 12 個，新增城市 23 個，包括直轄市 4 個、省會城市 12 個、計劃單列市 4 個以及其他城市 3 個。一場 5G 網絡建設

與應用創新的「攻堅戰」，在以三大運營商為主導的產業鏈間打響並迅速升級。

中國移動打通全球首個基於 5G 獨立組網系統的全息視頻通話！

中國聯通打通全球首個室內數字系統 5G 電話！

中國電信打通全球首個基於 5G 獨立組網系統的語音通話！

北京打通第一個 5G 電話！

山西打通第一個 5G 電話！

福建打通第一個 5G 視頻電話！

全球首個 5G 國際漫遊演示成功！

⋯⋯⋯⋯

1 個第一，2 個第一⋯⋯N 個第一！一個個有關 5G 創新突破的消息從全國各地傳出，「究竟誰是第一」一時間成為通信業界熱議的話題。2019 年全國兩會期間，5G 也毫無意外地成為代表委員們關注的焦點。《2019 百度兩會指數報告》顯示，2019 年資訊指數熱點話題 TOP10 中位列第一的正是「5G」，資訊指數達 4269 萬，遠超第二名。

依託全球最大的移動通信市場、全球最大的 4G 基礎網絡以及實力強勁的移動互聯網應用生態，中國 5G 規模測試和應

用示範成效驚人。在三大運營商鋪天蓋地的 5G 網絡應用創新比拚中，5G 設備和產品實質上已經進入「實戰練兵」階段，不少普通老百姓提前感受到了 5G 的魅力，一些垂直行業率先體驗到了 5G 的優勢。

比如，遠在四川大涼山的孩子們，已經率先體驗到「5G+VR」遠程沉浸式教學的優勢。通過充分發揮 5G 大帶寬優勢、實時開啟四路 4K 高清全景，涼山州昭覺縣解放溝鄉小學的同學們「走進」了 500 多千米外的成都名校課堂，與城裏的同齡人一起共享優質教育資源。

2019 年 2 月 4 日除夕夜，央視春晚主會場與廣東深圳分會場的 5G 4K 超高清直播視頻順利接通並傳送。

四川大涼山體驗「5G+VR」遠程沉浸式教學
張明／攝

5G 4K 超高清直播視頻
陳美金／攝

　　中國移動與杭州汽輪動力集團合作打造的 5G 三維掃描建模檢測系統使檢測時間從 2～3 天減少到 3～5 分鐘。

　　國家大劇院原創民族舞劇《天路》的 5G 直播，開創了 5G＋高雅舞台藝術跨界融合的先河。

5G 三維掃描建模檢測系統　　　　民族舞劇 5G 直播

中國 5G 發展關鍵詞

　　大幕開啟，萬眾矚目！

　　作為全球第五個宣佈 5G 商用的國家，中國 5G 的下一步發展備受關注。

　　工信部部長苗圩代表政府，要求「推動 5G 高質量發展，更好地支撐服務數字中國建設，促進社會經濟發展」。

　　持證上崗後，中國電信承諾「提供優質的網絡質量和豐富的應用服務」；中國移動的目標是「打造全球規模最大的 5G

精品網絡」；中國聯通旨在「讓億萬消費者共享5G發展成果」；中國廣電側重「建設廣連接、人人通、應用新、服務好、可管控的精品網絡」；作為5G基站建設的中堅力量，中國鐵塔則聚焦「深挖共享潛力，快速經濟高效地建設5G基礎設施」。

目前，中國電信、中國移動、中國聯通均已明確5G發展規劃並發佈了5G品牌標識，2019年9月底前，全國將有超過40個城市提供5G商用服務，預計2020年面向SA的5G網絡升級正式啟動。據已公開的最新數據，中國移動2019年將在全國建設超過5萬個5G基站，在超過50個城市實現5G商用服務；2020年在全國所有地級以上城市提供5G商用服務。

中國各級地方政府也積極響應。5G牌照發放前，浙江、安徽、廣東、福建、山西、江西、河北、河南、貴州等省委省政府領導先後就5G發展創新進行了專題調研。據不完全統計，目前北京、上海、廣東、浙江、江蘇、河南、江西等全國多個省（區、市）紛紛發佈5G發展計劃，明確了5G網絡建設和應用創新的目標，細化分解了多項保障措施和保障任務。

2018年9月13日，中國電信正式啟動「Hello 5G」行動計劃，中國電信的5G品牌LOGO和主題口號「賦能未來」也正式亮相。其中，「5G」由中國電信品牌標準色兩色組成，「G」字的右上側放置了「hello」文字，代表全新5G數字化社

會的到來，也表達了中國
電信歡迎產業合作夥伴共
同拓展 5G 生態的開放合
作態度。

中國電信 5G 品牌 LOGO

　　2019 年 4 月 23 日，
中國聯通發佈了全新的 5G
品牌 LOGO「5Gⁿ」及主
題口號「讓未來生長」。

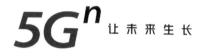

中國聯通 5G 品牌 LOGO

$5G^n$ 中的 n 是英文 number
（數字）的首字母，代表
了數字記錄的時代，也是
near 的首字母，表示拉近

中國移動 5G 品牌 LOGO

距離，代表了 5G 的多場景應用和無限可能。中國聯通的主題
口號則體現了聯通 5G 作為新生事物所煥發出的勃勃生機。

　　2019 年 6 月 25 日，中國移動正式發佈了「5G＋」品牌
LOGO。其中，5G「∞」符號形象體現了改變社會的無限可
能，寓意中國移動 5G 開放、共享的理念和願景；「5G」右上
角的兩個「＋」號寓意中國移動「5G＋」計劃將為行業及個人
帶來疊加倍增的價值；兩個「＋」號從小至大，表達中國移動
不斷開拓向前，引領技術發展，改變社會的堅定信念與積極

態度。

　　隨着 5G 建設熱潮的湧動，面向未來，以下五大關鍵詞描繪出了中國 5G 的發展路線圖。

1. 創新

　　5G 商用，不是終點，而是起點。點讚，還是拍磚？一切有待市場檢驗，一切有待用戶測評。

　　中國工程院院士鄔賀銓提醒說：「5G 是一個新事物，如同 2G、3G、4G 一樣，5G 正式商用後，還有很長的路要走。特別是商用初期，在終端體驗、網絡覆蓋、業務應用等方面需要一個探索過程，難免出現一些問題，需要在技術改進、市場競爭、應用實踐中不斷完善、走向成熟。」

　　迎接挑戰、突破自我、完善成熟，唯有創新。

　　標準有待創新。5G 標準，尚未畫上句號。3GPP 正在制定更加完善的 5G R16 標準，最快 2019 年 12 月可完成滿足 ITU 全部要求的完整 5G 標準。5G R16 聚焦高可靠、超低時延應用，面向車聯網、工業互聯網等垂直領域，對 5G 未來的發展至關重要。5G R16 標準凍結後，新一輪的技術比拚、產品比拚、生態比拚即將上演。

　　應用有待創新。超大帶寬、超低時延、超密連接，5G 的

特性決定了其用武之地不僅在於人與人的連接，更聚焦人與物、物與物的連接，有望助力更多的智慧應用從夢想接入現實。什麼是 5G 的殺手級應用？不是讓人目不暇接的炫技，也不是展示台上的驚呼，5G 應用必須「食得人間煙火」，必須「沾泥土、帶露珠、冒熱氣」。5G 應用如果缺乏商業價值，就沒有生命力。一句話，產業鏈必須儘快找到能贏利的 5G 應用，5G 才能更有效地發揮其經濟和社會價值，造福全人類。

模式有待創新。5G 建設需要巨額資金。多重因素作用下，電信運營商利潤增長遭遇瓶頸，建設資金從哪裏來？融資模式有待創新。4G 捧紅了「流量經營」，加速了「語音短信」的衰敗。5G 來臨，流量「爆炸」，語音全免費近在眼前，電信運營商的商業模式如何創新以應對新需求，組織結構如何變革以應對新挑戰？運營商建設的 5G 網絡不僅將改變社會，首先也將改變其自身。

2. 開放

中國 5G 牌照的提前發放，與美國對中國高科技公司的瘋狂無理打壓、與西方某些國家對中國通信設備（以及設備商）的肆意封堵，不無關係。但即使如此，中國堅持開放融通、共同發展的決心從未動搖。

　　事實上，中國一直秉持開放、包容、合作、共贏的理念，與全球產業界攜手推進 5G 發展。早在 2013 年，中國成立 IMT-2020（5G）推進組時，愛立信、諾基亞、高通、英特爾、羅德與施瓦茨等多家知名國外企業均是成員單位。基於推進組這個平台，國內外企業聯合開展技術研究、技術試驗和產品測試驗證，共同制定技術規範和測試規範，並積極參與測試。全球系統設備、芯片、終端、測試儀錶等企業相互合作，共同促進，對加快中國 5G 產業鏈的發展、成熟起到了重要作用。

　　「全球移動通信行業發展已經形成『你中有我、我中有你』的格局，各國企業通力合作、互利共贏。4G 時代，多家國外企業即已進入中國移動通信市場，並與中國電信運營商建立了良好的合作關係，是中國移動通信市場的重要組成部分，為中國移動通信行業發展做出了重要貢獻。」中國信息通信研究院高級工程師龔達寧在接受記者採訪時如是說。

　　在 5G 牌照的發放儀式上，工信部部長苗圩明確表示：「5G 牌照發放後，我們一如既往地歡迎外資企業積極參與中國5G 市場，共謀中國 5G 發展，分享中國 5G 發展成果。」這再次向外資企業釋放了明確信號：歡迎來華，合作共贏。

　　中國 5G 牌照發放後，愛立信、諾基亞、高通、英特爾等

企業紛紛在《人民郵電》報發表賀詞，充分顯示了外資通信企業對參與中國 5G 發展的信心。愛立信認為，「中國的 5G 市場潛力巨大，將成為世界上首批大規模部署 5G 網絡的市場。而中國的開放政策 —— 歡迎國內外企業共同參與 5G 網絡建設和應用推廣，也將為 5G 部署帶來新格局」。諾基亞表示，「對於工信部表示大力支持鼓勵跨國企業參與中國 5G 建設感到格外振奮，相信這一舉措將確保中國 5G 產業健康、有序、可持續地長期發展，為中國的數字化經濟轉型及騰飛奠定堅實的基礎」。美國知名科技網站 TechCrunch 評論說，5G 領域的各個商家，包括網絡設備製造商、手機製造商、芯片製造商和應用開發商等都已加足馬力，希望能好好把握中國 5G 發展的機會。

全球化潮流不可阻擋，世界各國經濟相互依存、彼此融合。在國際形勢風雲激盪，特別是保護主義抬頭、冷戰思維泛起的當下，中國 5G 發展的開放姿態、共享氣度贏得了中外產業界的點讚，將為全球 5G 產業發展注入更多信心和正能量。

3. 共享

5G 發展，網絡是基礎。據相關專家預測，由於頻率更高，5G 建設初期，基站建設密度是 4G 的 2 倍以上，造價約

是 4G 基站的 3.5 倍，隨着網絡規模的不斷擴大，造價會逐漸降低。總之，若要更高效、更經濟地打造 5G 精品網絡，共建共享是不二選擇。

5G 牌照發放後不久，國資委副主任趙愛明、任洪斌即前往中國聯通調研，並參加了中國電信、中國移動和中國聯通的 5G 產業發展研討會。趙愛明表示，三家運營商要主動承擔國家任務，進一步加強合作，避免 5G 重複投資，加強 5G 自主創新和標準工作，重視產業發展中的風險防範工作。任洪斌要求相關企業加強合作，務實推進，不斷提升服務質量，共同建設健康有序的 5G 發展環境。兩位副主任同時「喊話」，十分少見，重點就是「加強合作，避免 5G 重複投資」。

早在 4G 網絡建設中，中國鐵塔就發揮了巨大作用。中國鐵塔深入推進以共享為核心的集約化建設模式，迅速滿足三大電信運營商的 4G 網絡建設需求，通信行業鐵塔共享率從 20% 快速提升至 75%，僅三年就減少通信鐵塔重複建設 56.8 萬個，相當於節約投資近千億元。

「中國鐵塔將以更優品質、更低成本、更高效率做好支撐服務。堅持能共享不新建，能共建不獨建，全力支撐服務 4 家通信企業快速經濟地建設 5G 網絡。」5G 牌照發放後，中國鐵塔董事長佟吉祿表示。數據顯示，中國鐵塔自身擁有 195 萬

存量站址，可為中國電信、中國移動、中國聯通、中國廣電四家 5G 運營商共享。同時，中國鐵塔儲備形成了千萬級的社會杆塔資源站址庫，包括 875 萬路燈杆、監控杆，超 350 萬電力杆塔，以及 33 萬物業樓宇，可為 5G 基站低成本快速佈設奠定基礎。中國鐵塔承諾，將聯合廠家共同研發適應 5G 技術特點的新型基礎設施，例如新型共享室分產品等。

值得關注的是，中國廣電作為新進入電信市場的運營商，基礎通信網絡實力相對較弱，運營人才資源相對匱乏，「共建共享」成為其建設 5G 網絡的必然之選。

中國廣電於 2014 年 5 月正式掛牌運營，主要從事授權範圍內的有線電視網絡相關業務，擁有 700MHz「黃金頻譜」資源。剛剛拿到 5G 牌照，中國廣電就立即釋放合作信號，希望「與其他運營商和鐵塔公司精誠合作，共建共享」。

未來，中國四大 5G 運營商將形成「競爭＋合作」的關係，面向全國的 5G 網絡佈局、業務拓展也將各有側重。

4. 綠色

作為新發展理念的重要組成部分，綠色發展是實現經濟高質量發展的基本要求，代表了當今科技與產業的發展方向。中國不僅要實現「高速 5G」「智能 5G」，還要實現「綠色 5G」。

一方面，建設 5G「綠色網絡」。隨着通信網絡規模的不斷擴張，通信行業的能源消耗總量呈較快增長態勢。基站作為移動通信不可或缺的設施，其能耗約佔全網能耗的 80%，是節能減排的重點對象。測試顯示，目前 5G 基站的單站能耗是 4G 基站的 2.5～3.5 倍，加之 5G 基站密度較 4G 更高，電信運營商面臨的 5G 基站能耗成本挑戰與節能減排挑戰十分嚴峻。針對基站設備、空調制冷系統、設備供電系統等的能耗特點，積極創新節能技術，切實應用節能措施，打造「低碳基站」，已經成為行業共識。

另一方面，打造 5G「綠色內容」。5G 將給很多行業帶來革命性變化，典型代表是高清視頻領域。5G+XR 帶來的沉浸式視聽體驗將給人們帶來全新的感官震撼，目前已經激發了諸多企業的投資熱情，當然，也吸引了一些遊走於邊緣地帶或從事非法交易的組織的關注。高科技是柄「雙刃劍」，關鍵是如何把控、如何應用。中國 5G 的發展需要各方攜手打造積極健康、向上向善的網絡文化，營造風清氣正的網絡空間。

5. 合作

5G 牌照發放後不久，中國 5G 網絡的主要運營商紛紛發出了「合作共贏，打造 5G 生態圈」的號召，並推出「硬核」舉措。

中國電信董事長柯瑞文表示，中國電信將秉持開放合作的態度，堅持共享、共創、共贏，構建 5G 建設和發展的新生態。一是能力共享。堅持共建共享原則，加快建設完善 5G、天翼雲、光網等信息基礎設施，向合作夥伴全面開放雲網能力、平台能力、研發能力，與大家攜手開創 5G 發展的輝煌未來。二是價值共創。通過廣泛合作、深度融合、協同創新，發揮終端設備供應商、技術服務提供商、電信運營商、傳統企業、應用開發商、平台提供商等各自的優勢，提升 5G 產業價值，促進生態繁榮。三是產業共贏。加強與視頻、教育、遊戲、醫療等產業夥伴的合作，不斷豐富內容應用，帶動各方共同成長。

中國移動董事長楊傑認為，推動 5G 發展，網絡是基礎，融合是關鍵，合作是潮流，應用是根本。中國移動推出的「5G+」計劃，包括推進 5G+4G 協同發展、5G+AICDE（即人工智能、物聯網、雲計算、大數據、邊緣計算）融合創新、5G+Ecology 生態共建以及 5G+X 應用延展。其中，中國移動將全面構建資源共享、生態共生、互利共贏、融通發展的 5G 新生態，深入推進 5G 產業合作，攜手共建 5G 終端先行者產業聯盟、5G 產業數字化聯盟、5G 多媒體創新聯盟，創新推出 5G「BEST」新商業計劃。5G 產業數字化聯盟方面將推出「百

家夥伴優選」計劃、「百億資金騰飛」計劃、「千場渠道推廣」計劃、「優惠資源享有」計劃，並設立總規模 300 億元的 5G 聯創產業基金。

中國聯通董事長王曉初強調，中國聯通的 5G 發展將秉承「新藍海的試驗場，獨角獸的孵化器」的合作理念，共建創新聯盟，共築商業範式，共享優質資源，共贏廣闊市場；堅持開放共享，從設備、行業應用、技術、資本、5G 專網等多個維度，與產業鏈開展不一樣的建設和運營合作，為產業鏈合作夥伴提供最靈活的合作方式。他呼籲，芯片、模組、終端、系統集成、內容應用、技術合作及各類軟硬件合作夥伴共同投身到 5G 新生態的建設中來。目前，中國聯通發起成立的「5G 應用創新聯盟」已有近 200 家領軍企業加入，預計未來將達到 1000 家。

建設和發展好 5G，絕不僅僅是電信運營商一個環節的事兒，還是全產業鏈、全社會的共同責任。

中國信息通信研究院相關報告預測，到 2025 年，5G 將帶動中國直接和間接總經濟產出 35.4 萬億元，創造 300 萬個新增就業崗位。隨着商用的推進，5G 不僅將給信息通信業開啟新的發展空間，還將與實體經濟深度融合，賦能各行各業，支持工業互聯網、智慧醫療、智慧交通、現代農業、智慧能源等

相關領域的智能應用突破，成為數字經濟時代的發展新引擎。

面向萬物智聯新時代，5G 的產業鏈不再是局限於信息通信業的小產業鏈，而是延伸至社會各行各業的大產業鏈；5G 的生態圈也不再是局限於系統、終端、個人應用等的小生態圈，而是涵蓋社會發展各領域的大生態圈。突破跨行業的思維壁壘、信息壁壘、信任壁壘，需要大聯合、大協作。

尾聲

一隻蝴蝶在南美洲亞馬孫河流域的熱帶雨林偶然扇動了幾下翅膀，兩周後，引起了美國得克薩斯州的一場龍捲風。

蝴蝶效應告訴我們，看似微不足道的力量，產生的威力卻超出想像。隨着移動通信技術、網絡、應用與人類社會越來越緊密地交織交融，微妙的蝴蝶效應正在 5G 時代加速放大。未來，5G 究竟能給我們的社會帶來怎樣的改變？我國 5G 將給世界發展帶來怎樣的貢獻？「萬物智聯」將引導人類社會進入怎樣的階段？我們充滿了期待。正如 2G、3G、4G 時代一樣，我們的每一次預測都顯得那麼缺乏想像力。讓我們一起迎接 5G 時代的精彩吧！

附錄

專家觀點

移動通信行業是新中國科技創新的典範

（採訪中國工程院院士、中國互聯網協會理事長鄔賀銓）

從小到大，從弱到強，從城市到鄉村，從國內到國外……新中國成立 70 年來，移動通信行業以前所未有的發展速度創造出世界通信史上的奇跡。移動用戶數快速增長、移動互聯網快速發展的背後，是我國移動通信全產業鏈的群體騰飛。

多少艱辛努力，多少拚搏創新，多少改革突破……成就了移動通信今日翻天覆地的變化。在《智聯天下：移動通信改變中國》完稿之際，筆者十分榮幸地採訪到了中國互聯網協會理事長、「新一代寬帶無線移動通信網」國家科技重大專項技術總師、中國工程院院士鄔賀銓先生。這位信息通信業的泰斗級專家親歷了中國移動通信從無到有、從弱到強的跨越式發展歷程，見證了移動通信從受制於人到閃耀全球的坎坷創新之路。

筆　者：對於我國移動通信的發展，有不少人用「指數型增長、跳躍式前進、跨越式發展」來評價。您作為親

歷者、見證者，同時也是實踐者、推動者，如何看待幾十年間我國移動通信的發展？

　　鄔賀銓：新中國成立 70 年來，我們祖國的各行各業都發生了翻天覆地的變化，每個人的感受都非常深刻。作為科技工作者，我認為，最激動人心的就是科技領域的變化，其中，移動通信的表現尤為突出。

　　20 世紀 70 年代蜂窩移動通信技術出現以後，我國開始接觸這一高科技領域，但直到 20 世紀 80 年代末才正式開通了蜂窩移動通信網絡。坦率地說，我國移動通信的起步相對世界領先國家是較晚的。

　　1G 時代，手機被稱作「大哥大」，幾萬元一個，普通人哪裏用得起？儘管「七五」期間，國家已經開始組織技術攻關，研發移動通信的系統設備和終端，我所在的單位也承擔了相應的工作，但是當時還沒有產業化的概念，我國整體技術水平與發達國家相比，差距還是很大的。

　　2G 時代，我國政府部門大膽決策，在固定通信還在大發展的時期，以超前眼光看準未來方向，大力發展移動通信，推動移動網絡的覆蓋率和用戶普及率快速提升，並嘗試推出了我們自己的產品，讓很多老百姓都用上了手機。

　　3G 時代，我國擁有自主知識產權的 TD-SCDMA 標準成了 3G 三大國際標準之一，實現了我國百年通信史上「零的突破」。當初，很多人認為，即便中國提出了移動通信標準，也不可能形成一個產業。很多外資企業對 TD-SCDMA 標準的態度是不信任、不支持、不參與。因此我國在發展 3G 的時候，不得不從系統、終端、芯片、軟件、儀器儀錶等全產業鏈做起，由此也為我國移動通信產業體系的建立打下了堅實的基礎。

　　4G 時代，我國提出的 TD-LTE 標準再次成為國際標準，各方面指標都可以與歐洲提出的 LTE FDD 標準相媲美。我國建成了全球最大的 4G 網絡，僅 TD-LTE 基站數量就超過了美國與歐盟的所有 4G 基站數量。在這一時期，我國移動通信全產業鏈發展壯大，華為、中興成為全球領先的移動通信設備供應商，中國移動、中國電信、中國聯通也走在全球運營商的前列。

　　5G 時代來臨，基於 4G 打下的基礎，我國在 5G 不少領域處於全球領跑地位。截至 2018 年 3 月，我國提交的 5G 國際標準文稿佔全球的 32%，牽頭的標準化項目佔比達 40%，推進速度、推進質量均位居世界前列。目前，全球 5G 標準必要專利排名前 10 的企業中，我國佔了三家，專利數佔比達

34%。值得自豪的是，我國打造了相對完整的 5G 產業生態，但這並不意味着我國在產業鏈的各個環節都很強，我們還有很多需要努力、需要突破的環節。

從完全不了解移動通信，到發展為移動通信用戶大國、移動通信設備製造大國、移動通信應用大國，可以說，移動通信是新中國成立 70 年來科技變革的縮影、科技創新的典範，也是高科技造福人民的代表性行業。

筆　者：今年（指 2019 年，下同）6 月 6 日，我國發放了 4 張 5G 牌照，社會各界都對 5G 充滿了期待，感覺 5G 很神奇。能否請您介紹一下未來 5G 的神奇應用場景？

鄔賀銓：移動通信本身就是很神奇的，可以跨越時空界限，實現萬千變化。近幾年我國持續推進「提速降費」，有力激發了大眾使用流量的熱情，促進了移動互聯網的創新發展。我們常說，出門什麼都可以忘帶，但是千萬不能忘帶手機。這充分說明移動通信已經成為我們生活中不可分割的一部分，真正融入了生活，改變了生活。

未來，5G 不僅將改變生活，還將改變社會。其中，5G 在高清視頻領域的應用就會給很多行業帶來革命性的改變。

要想在線瀏覽 8K 視頻，接入寬帶速率就得達到 100Mbit/s 以上，而 VR、AR 應用則要求更高，需要 1Gbit/s 以上，4G 網絡很難做到，5G 網絡就沒問題。你們要問了，這有什麼用呢？用處很多——

農業領域：陝西盛產蘋果，蘋果的花期只有一周時間，開多少花往往意味着結多少果。在無人機上搭載高清攝像頭，通過與 5G 網絡結合，農戶就能實時監控蘋果樹何時開花，並在結果前幾個月預測出蘋果的產量，從而用期貨的方式將蘋果銷售出去，農戶就會有更多的收入。

工業製造領域：製造大飛機，是造好每一部分，然後一節一節組裝。這個組裝涉及很多管線和零件，需要非常有經驗的產業工人對照設計圖紙小心連接。現在，中國商飛給裝配工人戴上了 5G+8K+VR 頭盔，哪一根線纜連接到哪一個位置，一目了然，既提高了工作效率，又保證了工作質量。現在，中國商飛還通過兩個攝像頭進行飛機裝配及相關設備掃描，進而合成三維視頻，準確檢驗裝配的精度，這個技術最關鍵的就是兩個攝像頭要精確時間同步，5G 就能實現。

遠程醫療領域：今年 3 月，在三亞的解放軍總醫院海南分院的醫生通過 5G 遠程遙控在北京的解放軍總醫院的手術器械，為北京的一位帕金森病患者成功進行了腦起搏器植入手

術。這是全球首例基於 5G 的遠程操控人體手術，手術雙方相距近 3000 千米。今年 6 月，四川宜賓發生 6.0 級地震，5G 急救車和臨時病房已經開始投入傷員搶救工作。當時，急救車上的工作人員通過車載醫療設備，第一時間完成了驗血、心電圖、B 超等檢查，並通過 5G 網絡把傷員的病情信息傳送到了四川省人民醫院，方便相關醫療專家開展遠程會診。

…………

未來，移動通信的發展不可估量。以往，3G、4G 都催生出當時意想不到的新應用，5G 也將催生出我們現在想像不到的新模式、新業態。

筆　者：回顧中國移動通信行業的發展，可謂跌宕起伏、波瀾壯闊，有沒有給您印象最深的轉折性事件或者故事？

鄔賀銓：還是要從 3G 談起。1997 年，ITU 向全球徵集 3G 國際標準技術方案。當時，我在電信科學技術研究院工作，也就是後來的大唐電信。收到 ITU 的通知後，院裏就有一個設想：我們是不是也可以提出一個標準？之所以敢於提出這一標準，是因為研究院開發過 1G 的終端、2G 的交換機，還有 SCDMA 無線接入系統。就是這樣一個看似「異想天開」

的想法，成就了後來我國在移動通信國際標準領域的突破。

　　其實，最難的還不是提出標準，而是如何將這個標準產業化、市場化。當時，很多人不看好 TD-SCDMA，歐美的企業認為這最多就是個紙面上的標準。但是，大唐電信很堅決，一定要把 TD-SCDMA 做成產業，投入了大量資金和資源。可在十幾年前，我國的科技創新投入分配給移動通信的並不多，能投到 TD-SCDMA 的就更少了。大唐電信的壓力很大，甚至有人說，你把自己的產品做好就行了，搞什麼創新呢？創新是國家的事，不是你的事。

　　周光召、路甬祥、徐匡迪等科技界領導了解到這一情況，聯名寫信給國家領導人，並得到回覆，中國好不容易才在國際標準上實現突破，要堅定支持自主創新。隨後，國家發展改革委、科技部、工信部等部委聯合支持 TD-SCDMA 發展，動員更多的企業參與 TD-SCDMA 產品的開發，並把運營的重任交給了中國移動。當時，中國移動也不是很有信心，因為 TD-SCDMA 是一個新技術，我們從來沒有產業化、市場化的經驗。但中國移動做得很好，TD-SCDMA 實現了國內市場「三分天下有其一」。而且，中國移動發揮了運營商的龍頭作用，引領了整個產業鏈聯合創新。當時，幾乎沒有一個國外廠商生產 TD-SCDMA 設備，都是我們自己做出來的。

現在，還有一些人說，TD-SCDMA 是個敗筆。我認為不是。必須承認，在制定 TD-SCDMA 標準時，我們對寬帶化的預見性不夠，定義的載波帶寬相對較窄，相比 WCDMA，對寬帶應用的支撐能力相對較弱。儘管 TD-SCDMA 技術在設計之初考慮不夠全面，但現在來看，TD-LTE 的能力比肩 LTE FDD，這說明 TDD 模式是成功的。現在 5G 的主流技術就是 TDD 模式，這說明我國選擇的技術路徑是完全正確的。5G 時代，我國能在一些領域實現領跑，這不是憑空出現的，與 TD-SCDMA 打下的產業基礎有着極大關係。

所以，我始終認為，TD-SCDMA 是我國在移動通信自主創新路上的一個關鍵轉折，它所發揮的作用是不可替代的，它對提升民族自信心的價值是極高的，我們必須感謝那些面對嘲笑不放棄、面對挫折不低頭、面對困難不後退的通信企業和科技工作者。

筆　者：您提到，移動通信行業是新中國科技創新的典範，那在您看來，高科技領域要創新成功，特別是市場化成功，需要哪些關鍵要素？現在我國的移動通信又有哪些短板需要突破呢？

鄔賀銓：我覺得有三個方面很重要。一是要營造創新的環境，特別是市場環境，這是拿金子都換不來的。TD-SCDMA 能夠實現一定的創新積累，很關鍵的就是政府果斷決策，由中國移動承擔運營重任。有了對市場的信心，產業界才能投入、才能發展。二是要推動產業鏈聯合創新。創新靠單個企業不行，必須整個產業聯動，最好是實現產業鏈、創新鏈、價值鏈的深度協同。三是要具有國際化視野。閉門造車不利於創新，我們要積極跟進學習國外的先進技術、先進理念，加強對外的交流合作，要擁有國際化的視野和胸懷。

現在，我國在移動通信領域網絡、系統設備和終端等方面做得很不錯，但是我們的短板也是很突出的，特別是在芯片等底層技術方面、手機操作系統等軟件生態方面、5G 毫米波等高頻技術方面，距離世界先進水平還有很大差距。我非常希望有更多的年輕人能投入這個領域的研究之中，他們才是未來，短板就依靠他們來突破，而且還要培育我們的長項，形成全球核心競爭力。

在我看來，包括移動通信在內的信息通信行業，是一個非常有前景、有活力的行業。要想在這個領域有所建樹，必須有堅韌不拔的精神，必須有團結協作的意識。想要拚搏、想要變革、想要創新的年輕人，來吧，這是一個最能體現你價值的領域！

移動通信發展彰顯大國自信

（採訪中國工程院院士倪光南）

　　「新中國成立 70 年來，我國的科技實力突飛猛進，無論是研發投入、研發人員規模，還是專利申請量、授權量，都實現了大幅增長，在眾多領域取得了一批具有世界影響的重大成果。」在《智聯天下：移動通信改變中國》完稿之際，中國工程院院士倪光南在接受筆者採訪時表示，「其中，移動通信的表現很突出，這個行業的自主創新歷程和成果彰顯了我們的科技自信和創新自信」。

關鍵核心技術是要不來、買不來、討不來的

　　在倪光南看來，我國移動通信的發展脈絡十分清晰，從 1G 到 5G 就是一個從完全購買到跟跑、慢慢地並跑，再到如今在某些領域領跑的自主創新過程，「移動通信和超級計算機、北斗系統一樣，都是我國科技創新的標杆」。

　　「我想強調的是，在信息通信領域，自主可控是非常重要、非常關鍵的。」倪光南說，網絡化、信息化正在重塑世界政治、經濟、社會、文化以及軍事發展的新格局，是全球主要國家爭相佔領的科技制高點，「習近平總書記說『關鍵核心技

術是要不來、買不來、討不來的』」，非常深刻，這一點在信息通信領域表現得更為突出，因為基礎網絡資源在一個國家的發展中佔據着至關重要的戰略地位。」倪光南比喻說，有些觀點認為，我們乘船出海，為什麼一定要造船呢，還可以買船，也可以租船啊，但問題是，有船的人既不賣給你，也不租給你，怎麼辦？「我們只能靠自己，也必須靠自己。移動通信今天的發展成績就證明了，自主創新是中國追趕世界先進水平所必須堅持的道路。」

作為首批中國工程院院士，倪光南在 20 多年前就極具遠見地呼籲自主創新的重要性並身體力行，現在他正與一些科技專家攜手積極推進信息通信產品「自主可控測評」體系的建設與完善。

何為自主可控？舉例來說，你買了一輛傳統汽車，那就擁有了對汽車的控制權，一般不需要再考慮可控性，只需要考慮安全性就行了。但是，如果你買的是自動駕駛汽車，這輛汽車同時也是一件「網絡產品」，那麼，它的安全性就變得複雜了。即使汽車本身的安全性沒有問題，但它可能被黑客遠程操控，這時汽車的控制權就落到了黑客手裏，汽車不再受用戶控制，甚至會造成車毀人亡的嚴重事故。

「這就是可控性出了問題。為了保障網絡安全，必須實現

技術、產品、服務、系統的自主可控，需要在質量測評、安全測評的基礎上增加自主可控測評。」倪光南如是說。

高科技自主創新要有章法，特別要警惕「穿馬甲」

自主創新，從來不易，特別是高科技領域的自主創新，特別是需要面對市場化檢驗的自主創新。究竟哪些因素對實現自主創新的成功突破至關重要呢？

在倪光南看來，指導思想、人才體系、市場引導十分關鍵，而且要特別警惕「穿馬甲」之類破壞自主創新的活動。

第一，明確統一的指導思想尤其重要。習近平指出，核心技術是國之重器，我們不能總是用別人的昨天來裝扮自己的明天，不能總是指望依賴他人的科技成果來提高自己的科技水平，非走自主創新道路不可。「高層的堅定決心為科技工作者和創新企業指明了方向，增強了信心。當然，自主創新也不是關起門來創新，還是要有國際化視野，加強對外開放合作。」倪光南說。

第二，激勵人才創新的環境十分關鍵。科技要發展，最核心的還是人才。「關於這方面，各界已經形成共識，國家也推出了很多積極的舉措。我想強調的是，一定要讓科技人員分享到科技創新的成果和紅利，不僅要有精神鼓勵，物質鼓勵也

要並進，同時加強知識產權保護。」倪光南表示，中國的信息通信領域還有很多短板，例如芯片、操作系統、工業軟件等，創新攻堅、短板突破需要大量科技工作者，特別是年輕科技工作者的協同努力，必須想辦法激發他們的積極性。

第三，市場的引導作用一定要重視。自主創新技術要成功，必須有自己的生態系統支持。倪光南說：「TD-SCDMA 發展的關鍵轉折，就是國家把運營重任交給中國移動之後，市場信心發生了很大的變化，激發了整個產業鏈的活力。我們要給自主創新一定的市場空間和發展空間。」

倪光南提醒道，我們在推進自主創新的過程中，一定要警惕「穿馬甲」之類破壞自主創新的活動，那些把國外的技術包裝一下就戴上自主創新帽子的技術和產品，危害很大。「應當明確指出，這就是科技領域的『特洛伊木馬』，欺騙領導，欺騙人民，對我國的科技發展危害很大。」雖然已經年踰80，但這位科技泰斗的言辭依然犀利。

結 語

就在本書完稿之時，從巴西布濟烏斯傳來最新消息，
ITU-R WP5D 第 32 次會議於 2019 年 7 月 17 日結束，中國
代表團完成了 IMT-2020（5G）候選技術方案的完整提交。

WP5D 第 32 次會議是 5G 候選技術方案的提案截止會
議，有來自全球政府主管部門、電信製造及運營企業、研
究機構的約 180 名代表參會。由中國信息通信研究院、中
國移動、中國電信、中國聯通、華為、中興、中國信科等
單位組成的中國代表團，提交了 5G 無線空口技術（RIT）
方案。

據 IMT-2020（5G）推進組的消息，該方案基於 3GPP
新空口（NR）和窄帶物聯網（NB-IoT）技術。其中，NR
重點滿足增強型移動寬帶（eMBB）和低時延、高可靠通信
（URLLC）兩個場景的技術需求，NB-IoT 滿足海量機器類通
信（mMTC）場景的技術需求。

根據 ITU 的要求，完整的 5G 技術提交材料包括技術
方案描述性模板、鏈路預算模板、性能指標滿足性模板和自
評估報告。中國的 5G 技術方案和技術支撐材料來自國內設

備製造商、運營商和研究單位等的研究成果，體現了國內通信領域的群策群力和集體智慧。中國自評估研究結果表明，NR+NB-IoT 無線空口技術方案能夠全面滿足 IMT-2020（5G）技術願景的需求和 IMT-2020（5G）技術指標的要求。

此次提交的 5G 技術方案表達了中國對 5G 技術的理解，考慮了 5G 技術的完整性和先進性，同時維護了以 3GPP 為核心的全球統一標準，體現了全球產業界的共同利益。2020 年 6 月，ITU 將根據評估與協調的結果，在 WP5D 第 35 次會議上正式宣佈 5G 技術方案。

是的，這是全球產業界的共同利益，也是全人類科技發展的共同利益！這正是新中國成立 70 年來，中國的移動通信行業長期堅持的發展目標和主旨。

一方面，來自歐美日韓等國際社會的前沿理論、尖端技術、先進理念等讓中國移動通信行業受益良多，促使我們可以在借鑒前人發展經驗的基礎上快速提升發展進程；另一方面，中國移動通信行業幾何級數式的發展不僅改變了中國，同時也給世界信息通信文明的進階和人類社會的進步做出了巨大貢獻，讓全球特別是發展中國家的人民分享到了中國科技進步的紅利。

在中國大市場的推動下，全球移動通信行業被注入強

勁活力，移動通信技術創新、業務創新生機蓬勃。從 1G 到
5G，中國堅定不移地奉行互利共贏的開放政策，國外通信設
備製造企業、終端製造企業、芯片企業等在中國近 14 億人
口的大市場中獲取了巨額收益，中國市場成為這些企業最重
要的發展天地，來自中國的收益也成為其技術突破、創新發
展的強有力支撐。可以說，中國巨大的市場規模、穩定的社
會環境、豐富的人力資源，給全球的移動通信投資者創造了
豐富的發展機會，給全球的移動通信創新者提供了廣闊的創
業平台。

　　在中國通信企業的驅動下，全球用戶使用移動通信的門
檻大幅降低，移動通信真正從少數人享有的奢侈品變為全球
大多民眾的生活必需品。移動通信是一個充分競爭、全球競
爭的行業。隨着中國的通信設備製造企業、終端製造企業、
移動互聯網企業的成長和崛起，全球移動通信設備、終端、
應用市場更具活力、生態更加健康。「優質低價」的中國製
造在保持產品高質量的同時，大幅拉低了移動通信設備的價
格；「好用有趣」的中國創新模式、創新應用，給移動通信
用戶帶來了充滿魅力的信息生活新方式。來自中國的這些變
化，不僅讓中國人民受益，也讓世界人民，特別是發展中國
家的人民廣為受益，全球更多的人能夠「用得上、用得起、

用得好」移動通信，為全球數字鴻溝的消弭、數字荒漠的縮小做出了積極貢獻。

在中國創新技術的開拓下，全球移動通信的發展走向標準統一化，對稀缺頻譜資源的高效利用成為未來發展方向。在包括移動通信在內的無線通信領域，最本質、最寶貴、最稀缺的就是頻譜資源。中國貢獻的 TD-SCDMA、TD-LTE 以及 5G 技術方案，充分發揮了 TDD 制式頻譜分配靈活、頻譜利用效率高、更適合具有不對稱性的移動互聯網業務流量等優勢，代表了移動通信的發展方向。這是中國對全球移動通信技術和制式發展的重要貢獻，是中國智慧對世界信息通信文明發展的重要貢獻。

當前，全球移動通信發展已經進入了新階段，5G 商用大幕全面拉開，6G 技術研發正式啟動。在憧憬「萬物智聯」時代的各種美妙場景、各項神奇應用的同時，全球移動通信還有非常重要的瓶頸亟待突破——摩爾定律的物理極限已經逼近，晶體管的體積達到納米級別，繼續縮小的可能性已非常小；香農定理的極限已經逼近，這一信息通信業「扛鼎」的基礎理論幾乎走到了盡頭……包括移動通信在內的全球信息通信業及其相關領域的發展，正面臨着亟待理論突破的大轉折挑戰。迎接這一挑戰，需要全球各國對基礎理論研究的

高度重視，需要全球科技精英的共同攻關，需要全人類的共
同努力。

　　追古溯今，科技進步從來都是全人類共同的成果，也
必將惠及全人類，開放與合作將是永遠的主題。中國，將聚
四海之氣，藉八方之力，以更大的開放、更好的合作謀求共
贏，貢獻世界！

智聯天下：移動通信改變中國

邵素宏　含　光　周聖君　著

責任編輯　蕭　健
裝幀設計　譚一清
排　　版　賴艷萍
印　　務　劉漢舉

出版　　開明書店
　　　　香港北角英皇道 499 號北角工業大廈一樓 B
　　　　電話：（852）2137 2338　　傳真：（852）2713 8202
　　　　電子郵件：info@chunghwabook.com.hk
　　　　網址：http://www.chunghwabook.com.hk

發行　　香港聯合書刊物流有限公司
　　　　香港新界荃灣德士古道 220-248 號
　　　　荃灣工業中心 16 樓
　　　　電話：（852）2150 2100　　傳真：（852）2407 3062
　　　　電子郵件：info@suplogistics.com.hk

印刷　　美雅印刷製本有限公司
　　　　香港觀塘榮業街 6 號 海濱工業大廈 4 樓 A 室

版次　　2022 年 2 月初版
　　　　© 2022 開明書店

規格　　32 開（210mm×153mm）

ISBN　　978-962-459-250-4